거룩한 삶을 위한 능력, 교리묵상
CONSIDERATION & APPLICATION

하나님의 용서

김남준 현 안양대학교의 전신인 대한신학교 신학과를 야학으로 마치고, 총신대학교에서 목회학 석사와 신학 석사 학위를 받았으며, 신학 박사 과정에서 공부했다. 안양대학교와 현 백석대학교에서 전임 강사와 조교수를 지냈다.

1993년 **열린교회**(www.yullin.org)를 개척하여 담임하고 있으며, 현재 총신대학교 신학과 조교수로도 재직하고 있다. 저자는 영국 퓨리턴들의 설교와 목회 사역의 모본을 따르고자 노력해 왔으며, 아우구스티누스를 비롯한 보편교회의 신학과 칼빈, 오웬, 조나단 에드워즈와 17세기 개신교 정통주의 신학에 천착하면서 조국교회에 신학적 깊이가 있는 개혁교회 목회가 뿌리내리기를 갈망하며 섬기고 있다.

주요 저서로는 **1997년도 기독교 출판문화상**을 수상한 『예배의 감격에 빠져라』와 **2003년도 기독교 출판문화상**을 수상한 『거룩한 삶의 실천을 위한 마음지킴』, **2005년도 기독교 출판문화상**을 수상한 『죄와 은혜의 지배』, **2015년도 기독교 출판문화상**을 수상한 『가슴 시리도록 그립다, 가족』을 비롯하여 『깊이 읽는 주기도문』, 『인간과 잘 사는 것』, 『영원 안에서 나를 찾다』, 『교회와 그리스도의 남은 고난』, 『신학공부, 나는 이렇게 해왔다 제1권』, 『기도 마스터』, 『내 인생의 목적, 하나님』 등 다수가 있다.

거룩한 삶을 위한 능력, **교리묵상**
하나님의 용서

ⓒ **생명의말씀사** 2005

2005년 3월 25일 1판 1쇄 발행
2017년 8월 17일 5쇄 발행

펴낸이 | 김재권
펴낸곳 | 생명의말씀사

등록 | 1962. 1. 10. No.300-1962-1
주소 | 서울시 종로구 경희궁1길 5-9(03176)
전화 | 02)738-6555(본사) · 02)3159-7979(영업)
팩스 | 02)739-3824(본사) · 080-022-8585(영업)

지은이 | 김남준

기획편집 | 태현주, 조해림
디자인 | 박소정
저자사진 | 박종덕
인쇄 | 예원프린팅
제본 | 정문바인텍

ISBN 89-04-15600-9
　　　89-04-00116-1 (세트)

저작권자의 허락없이 이 책의 일부 또는 전체를
무단 복제, 전재, 발췌하면 저작권법에 의해 처벌을 받습니다.

거룩한 삶을 위한 능력, **교리묵상**
CONSIDERATION & APPLICATION

하나님의 용서

김남준 저

생명의말씀사

| 저자 서문 |

묵상은 머리의 지식을
마음으로 흘려보내는 깔대기입니다

오랫동안 목회한 제게도 풀리지 않는 의문이 있었습니다. 그것은 복음을 깊이 경험하고 그리스도를 인격적으로 체험한 사람들의 미끄러짐에 관한 것이었습니다. '강력한 은혜를 경험하고도 어쩌면 그렇게 쉽게 뒤로 물러가 침륜에 빠질 수 있을까?' 하는 의문이 늘 제 가슴 속에 있었습니다.

이 질문에 대한 충분한 해답을 찾기 위해서는 아직도 많은 논의가 필요하겠지만, 우선적으로나마 저는 이에 관해 가장 치명적으로 중요한 이유를 두 가지로 나누어 말씀드릴 수 있습니다.

첫째는 과거적 회심의 문제입니다. 그들의 회심이 총체적으로 복음의 의미를 경험한 회심(신학적 회심)이 아니라 진리 중 일부만을 경험한 회심(도덕적 회심)이었기 때문입니다. 그래서 그들의 생각은 성경진리와 그리스도를 아는 지식으로 정리되어 있지 않으며, 그 안에서 마음속에 많은 모순들contradictions을 경험하게 됩니다. 이런 사람들에게 견고한 신앙을 기대할 수는 없습니다.

둘째는 현재적 은혜의 문제입니다. 즉, 바르게 회심해야 할 뿐 아니라 그 회심을 늘 보존하고 살아야만 견고한 신앙생활이 가능한 것입니다. 신자가 하나님의 은혜로부터 멀어지는 가장 큰 요인은 하나님의 말씀을 현재적으로 마음에 품고 살지 않는 것입니다. "내가 주께 범죄치 아니하려

하여 주의 말씀을 내 마음에 두었나이다"시 119:11. 신자가 과거에 아무리 하나님을 만나고 진리를 경험했다 할지라도 말씀을 현재적으로 마음속에 품고 살지 않으면, 죄에 대한 승리는 없습니다.

교리묵상 시리즈 3권으로 교리묵상 『하나님의 용서』가 출간되었습니다. 본 책은 우리의 영혼에 실제적인 구원의 환희와 감격을 선사해 줄 '하나님의 용서'에 대한 교리를 토대로 만들어진 책으로, 하나님의 용서가 있다는 것을 믿기만 할 뿐 경험적으로 그것을 누려 본 적이 없는 그리스도인들에게 많은 유익을 던져 줄 것입니다. 부디 이 책을 통해 하나님의 용서를 경험하고, 영혼의 깊은 어두움에서 벗어나십시오. 용서에 대한 피상적인 추론에서 떠나, 하나님의 용서를 직접 누리십시오. 하나님의 용서를 구하지 않는 것은 하나님과 상관없이 살겠다는 태도와 다를 바 없습니다.

이 묵상집을 활용하여, 『하나님의 용서』의 교리를 늘 마음에 품고 살아가는 지혜롭고 복된 성도들이 되시기를 진심으로 소망합니다.

그리스도의 노예
김남준 목사

- **저자 서문** _4
- **책을 열며** 아버지의 선물 _10
- **한눈에 보는 하나님의 용서** _14

영혼의 깊은 어두움 _19
▶ 용서의 감격을 잃어버렸을 때

1 | 빛의 자녀인 그리스도인이 깊은 어두움 가운데 놓이기도 하는 것은
하나님의 용서를 경험하지 못하였기 때문입니다
2 | 구원받은 신자도 하나님께로부터 버림받은 것 같은 거절감에 휩싸일 수 있습니다
3 | 영혼의 깊음 속에서 나타나는 첫 번째 현상은 하나님의 사랑에 대한 감각의 상실입니다
4 | 영혼의 깊음 속에서 나타나는 두 번째 현상은 생각의 혼란입니다
5 | 영혼의 깊음 속에서 나타나는 세 번째 현상은 하나님의 진노를 받으리라는 정죄감입니다
6 | 영혼의 깊음 속에서 나타나는 네 번째 현상은 영혼의 깊은 고통입니다
7 | 영혼의 깊음 속에서 나타나는 다섯 번째 현상은 생기 없고 무능한 삶입니다
8 | 신자가 영혼의 깊음 속으로 떨어지는 것은 죄 때문이며,
그 깊음으로부터 구원받는 유일한 길은 하나님의 용서입니다
9 | 일상적인 죄라 할지라도 하나님의 사랑과 자비 아래서 범죄하는 경우
영혼의 깊음 가운데 떨어집니다
10 | 일상적인 죄라 할지라도 강한 확신에서 이탈하여 범죄하는 경우
영혼의 깊음 가운데 떨어집니다

11 | 헌신을 위한 탁월한 기회와 은사를 외면할 때 영혼의 깊음 가운데 떨어집니다
12 | 특별한 경고 후에 범죄하거나, 큰 파장을 불러일으키는 죄를 범할 때
영혼의 깊음 가운데 떨어집니다
13 | 구원받은 신자임에도 깊음 속에 떨어질 수 있는 것은
언약 관계가 인간의 의지를 초월하여 역사하지는 않기 때문입니다
14 | 구원받은 신자임에도 깊음 속에 떨어질 수 있는 것은
죄를 이길 능력은 순종을 담보로 주어지기 때문입니다
15 | 구원받은 신자임에도 깊음 속에 떨어질 수 있는 것은
신자에게도 죄의 유혹이 강하게 역사하기 때문입니다
16 | 구원받은 신자임에도 깊음 속에 떨어질 수 있는 것은
우리를 새롭게 하시려는 하나님의 주권적인 지혜 때문입니다
17 | 하나님의 용서만이 영혼의 깊음 가운데에서 우리를 건져낼 수 있습니다
18 | 하나님의 사유하심을 경험하기 위해서는 첫째로 죄를 자각하여야 합니다
19 | 하나님의 사유하심을 경험하기 위해서는 둘째로 죄를 정직하게 인정하여야 합니다
20 | 하나님의 사유하심을 경험하기 위해서는 셋째로 자기 정죄가 있어야 합니다
21 | 죄를 확신한 신자가 떨어지기 쉬운 악은 자포자기입니다
22 | 죄를 확신한 신자가 떨어지기 쉬운 악은 안주입니다
23 | 죄를 확신한 신자가 피해야 할 첫 번째 위험은 자기 의의 추구입니다
24 | 죄를 확신한 신자가 피해야 할 두 번째 위험은 열렬함이 없는 기도입니다

용서의 발견과 화목의 삶 _ 69

▶ 용서의 은혜로 나아갈 때

25 | 용서의 발견에는 객관적 발견과 주관적 발견이 있습니다
26 | 용서의 경험적 발견이 어려운 첫 번째 원인은 신자의 양심의 반항입니다
27 | 용서의 경험적 발견이 어려운 두 번째 원인은 율법의 항거입니다
28 | 용서의 경험적 발견이 어려운 세 번째 원인은 하나님의 의에 대한 인식입니다
29 | 하나님의 용서에 대한 인간의 그릇된 견해는
　　무신론적 견해와 유신론적 견해로 나눌 수 있습니다
30 | 하나님의 용서에 대한 피상적 이해와 용서에 대한 복음적 믿음의 첫 번째 차이는
　　전자는 개념일 뿐이지만 후자는 능력을 동반한다는 것입니다
31 | 하나님의 용서에 대한 피상적 이해와 용서에 대한 복음적 믿음의 두 번째 차이는
　　전자는 설득된 견해일 뿐이지만 후자는 피 어린 확신이라는 것입니다
32 | 하나님의 용서에 대한 피상적 이해와 용서에 대한 복음적 믿음의 세 번째 차이는
　　전자는 죄에 대한 친화감이 남아 있지만 후자는 죄에 대한 혐오감을 소유하게 된다는 것입니다
33 | 하나님의 용서에 대한 피상적 이해와 용서에 대한 복음적 믿음의 네 번째 차이는
　　전자는 자기 의를 확신하지만 후자는 그리스도께 절대적으로 의존한다는 것입니다
34 | 복음적 용서를 경험하기 위해서는 용서를 믿는 믿음이 필요합니다
35 | 하나님의 용서를 믿는 믿음은 지식에서 나옵니다
36 | 하나님의 용서를 발견하고 그 용서를 믿게 된 영혼은 하나님과 함께 하겠다는 결단을 합니다
37 | 하나님의 용서를 발견하고 그 용서를 믿게 된 영혼은
　　하나님의 용서를 기다리겠다는 결단을 합니다
38 | 하나님의 용서를 발견하고 그 용서를 믿게 된 영혼은
　　영혼의 깊음으로부터 구원받겠다는 결단을 합니다
39 | 하나님의 용서를 믿는다는 것은 하나님이 정당하신 분임을 확신하는 것입니다
40 | 하나님의 용서를 믿는다는 것은 하나님 앞에서 살고 싶어하는 것입니다
41 | 하나님의 용서를 믿는다는 것은 죄를 갚음에 있어 자신의 전적 무능을 확신하는 것입니다

42 | 하나님의 용서를 믿는다는 것은
예수 그리스도를 통해서만 용서받을 수 있음을 확신하는 것입니다

43 | 하나님의 용서를 실제로 경험하고 싶은 간절한 갈망은
기도를 통해 구체적으로 표현됩니다

44 | 용서는 망가진 우리를 고치시는 하나님의 방법입니다

45 | 하나님께서는 스스로를 용서하는 하나님으로 소개하십니다

46 | 용서는 죄를 하찮게 여기게 만드는 것이 아니라, 두려워하게 만드는 것입니다

47 | 형식만 남았을 뿐, 생명력을 잃어버린 신자에게 필요한 것은 하나님의 용서입니다

48 | 용서의 핵심은 적대감의 해소입니다

49 | 하나님께서는 인간의 회개를 사용하여 용서를 이루십니다

50 | 진정한 회개는 언제나 자기 깨어짐을 동반합니다

51 | 회개의 주체는 성령님입니다

52 | 하나님의 용서를 경험하지 못했다면, 그 사람은 아무 희망이 없는 사람입니다

53 | 하나님의 용서를 믿는다고 말하면서 하나님의 용서를 구하지 않고 있다면,
하나님과 화목한지 반문해 보아야 합니다

54 | 화목의 본질은 적대감과 거리감의 해소입니다

55 | 우리가 세상의 유혹에 타협하지 않고, 환난과 핍박 앞에 두려워하지 않고
맞설 수 있는 힘은 하나님과의 화목에서 나옵니다

56 | 하나님의 용서를 믿는다고 말하면서 하나님의 용서를 구하지 않고 있다면,
피상적인 종교생활을 철저히 후회해야 합니다

57 | 하나님의 용서를 믿는다고 말하면서 하나님의 용서를 구하지 않고 있다면,
자신의 완고함을 미워해야 합니다

58 | 하나님의 용서를 믿는다고 말하면서 하나님의 용서를 구하지 않고 있다면,
용서의 탁월한 은혜를 생각해야 합니다

59 | 하나님의 용서를 믿는다고 말하면서 하나님의 용서를 구하지 않고 있다면,
오직 그리스도를 의지해야 합니다

60 | 용서받지 않고도 살 만하다고 느끼는 것은
용서받는 삶이 어떠한 것인지 모르기 때문입니다

61 | 이제 용서하시는 하나님께로 나아갈 때입니다

| 책을 열며 |

아버지의 선물

아버지와 아들이 있었습니다. 아들을 깊이 사랑하는 아버지는 유난히 추위를 많이 타는 아들을 위해 따뜻한 옷 한 벌을 마련했습니다. 그리고 아들에게 그 옷을 선물했습니다. 아버지의 선물을 받아 든 아들은 정말로 기뻤습니다. 아버지가 주신 옷은 너무나 부드럽고 따뜻해서 자꾸만 자꾸만 만져 보고 싶었습니다. 이 옷만 있으면 아무리 세차게 바람이 불어도, 매서운 추위가 몰려와도 끄떡없을 것 같았습니다. 아들은 아버지가 선사한 옷을 들고 몇 번이고 "아버지, 고맙습니다. 정말 고맙습니다"를 되풀이했습니다.

그런데 정말 이상한 일이 일어났습니다. 아들은 그 옷을 옷장에 걸어두고 때때로 꺼내 보기만 할 뿐, 도무지 입으려 하지를 않는 것이었습니다. 아버지는 아들을 이해할 수가 없었습니다. 어느 날 아버지는 밖에 나갔다가 새파랗게 질려 온몸이 얼어붙은 채 돌아온 아들에게 이렇게 물었습니다. "애야. 날이 상당히 춥던데, 왜 내가 준 옷을 입지 않는 거니? 네게 따뜻한 옷이 있다는 사실을 잊은 거니?" 아들은 고개를 저으며 말했습니다. "잊다니요? 저는 제게 아버지가 선물한 따뜻한 옷이 있다는 것을 너무나 잘 알고 있는 걸요." 아들은 이렇게 말한 후, 꽁꽁 얼어붙은 두 손을 아버지가 선물한 옷에 부비며 녹였습니다.

아버지는 그런 아들이 너무나 답답했습니다. 그래서 "애야, 그 옷은 입는 것이지 그렇게 만져 보기만 하거나, 걸어 두고 구경만 하는 것이 아니란다. 나는 네가 그 옷이 있다는 사실만을 즐기지 않기를 바란다. 네가 그 옷을 입고 따뜻하게 지냈으면 좋겠구나" 하며 끊임없이 가르쳐 주었습니다. 그러나 아들은 그 이야기를 듣고도 옷을 입으려 하지 않았습니다. 아버지는 아들이 옷을 입는 법을 모르는 것 같아 가르쳐 주고 싶었지만, 아들은 그것을 알려고 하지 않았습니다.

점점 날씨는 더 추워졌고, 아들은 추위에 점점 더 지쳐갔습니다. 처음에는 아버지가 준 따뜻한 옷을 생각만 해도 추위가 좀 가시는 것 같았으나, 시간이 흐르고 추위에 지쳐 가면 갈수록 그 옷이 무용지물인 듯 느껴졌습니다. 아들은 다시 처음처럼 울먹이며 아버지께 말했습니다. "아버지, 너무 추워요. 너무 추워서 저는 아무것도 할 수가 없어요. 밖에 나가 아버지를 기쁘게 해드릴 만한 일을 많이 하고 싶은데……. 너무 추워서 저는 꼼짝도 할 수 없어요."

보다 못한 아버지는 아들의 손을 잡고, 자신이 선물한 따뜻한 옷 앞으로 아들을 데려갔습니다. 그리고는 말했습니다. "애야. 네겐 이것이 있지 않니? 이 옷은 너를 추위로부터 지켜줄 수 있어." 그러나 아들은 고개를 저으며 대답했습니다. "아니요 아버지, 이 옷이 있었는데도 저는 늘 추웠어요."

아버지는 한참을 가엾게 아들을 바라보다, 천천히 그 옷을 아들에게 입혀 주었습니다. 아들의 한쪽 팔을 들어 옷에 끼워 주고 또 다른 팔을 들어 다른 쪽에 끼워 준 후, 옷이 몸을 잘 감싸도록 토닥여 주었습니다. 그리고 옷깃을 잘 여며 준 후, 단추까지 하나하나 정성스레 채워 주었습니다. 아버지는 다시 아들에게 물었습니다. "애야. 아직도 춥니?" 아버지가 선물한 옷 속에서 아들이 대답했습니다. "아니요. 아버지. 하나도 안 추워요. 아버지가 꼭 안아 주실 때처럼 너무나 따뜻해요. 왜 제가 그동안 이것을 몰랐을까요? 이렇게 입으면 그 어떤 추위에도 끄떡없었을 텐데……."

따뜻한 옷을 입고 기뻐하는 아들을 아버지는 흐뭇하게 바라보았습니다.

이 이야기에 나오는 아들에게서 저는 오늘날 그리스도인의 어리석음을 봅니다. 하나님으로부터 선사받은 용서라는 값진 선물을 지식의 창고 속에 넣어둔 채 바라만 보고 있어서는 안 됩니다. 용서는 체험을 통해 아는 진리이기 때문입니다.

진정한 하나님의 용서를 경험할 때, 비로소 우리의 영혼 위에 하나님으로부터 시작되는 찬란한 영광의 광휘가 쏟아질 것입니다.

이 책을 들고 있는 당신이 혹시라도 그동안 하나님의 용서를 개념적으로만 이해하던 사람이라면, 이 이야기 속의 아들처럼 아버지의 선물을 누리지 못한 채, 그저 구경만 하던 사람이라면…….

여러분에게 이 책이 몸소 당신의 선물을 여러분에게 입혀 주시고, 하나하나 정성스레 단추를 채워 주시는 하나님 아버지의 가슴 저미는 손길을 경험하게 해주는 도구가 되었으면 좋겠습니다.

하나님의 용서를 경험하는 길

_ 영혼의 깊은 어두움에서 벗어나는 길

I. 영혼의 깊은 어두움

A. 깊음의 종류
  1. 환경적인 것 ; 섭리 속에 주어진 무조력한 상태에서의 고통
  2. 내면적인 것 : 마음과 영혼에 부어진 하나님의 진노에 대한 인식(죄)
B. 은혜 받은 신자도 깊음 속에 떨어질 수 있음

II. 영혼이 깊음 가운데 있을 때

A. 하나님의 사랑에 대한 감각을 상실함
B. 생각의 혼란을 경험함
C. 하나님의 진노를 받을 것이라는 정죄감이 되살아남
D. 영혼에 은밀히 화살을 쏘심 : 고통과 위로 없음
E. 생기 없고 무능함

III. 어떤 죄들이 신자를 깊음에 떨어지게 하는가

A. 뚜렷하고 큰 범죄
B. 일상적이지만 하나님이 특별히 다루시는 범죄
  1. 하나님의 사랑과 자비 아래서의 범죄(호 7:13)
  2. 큰 고통 아래서, 혹은 이후의 범죄
  3. 죄와 하나님 사랑에 대한 강한 확신에서 이탈하는 것
  4. 헌신을 위한 탁월한 기회와 은사를 외면하는 것
  5. 특별한 경고 후의 범죄
  6. 추문으로 하나님의 영광을 크게 가릴 때(삼하 12:14-"훼방거리")

IV. 어떻게 신자임에도 죄로 인하여 깊음 가운데로 들어가게 되는가

A. 언약 관계가 이런 가능성을 남기고 있기 때문
B. 순종을 담보로 배교적 삶과 성화의 삶의 두 가지 가능성이 모두 있기 때문
C. 유혹과 죄의 힘이 우세하기 때문
D. 하나님의 주권적 지혜 때문

V. 죄의 깊음 가운데서 용서로 나아가는 영혼의 활동

A. 죄로 고통하는 영혼의 움직임
  1. 율법의 기준으로 죄를 감찰하시는 하나님을 인식함
  2. 구원의 가망성이 없음을 알고 절망함
B. 회복으로 나아가는 영혼의 활동
  1. 죄에 대한 지각
  2. 죄에 대한 인정
  3. 자기 정죄

VI. 죄를 확신하고 낮아질 때

A. 떨어질 가능성이 있는 두 가지 악 : 포기와 안주
B. 피해야 할 위험들
  1. 자기 의의 추구
  2. 그리스도를 붙들지 않음
  3. 힘써 기도하지(용서를 구하지) 않음

VII. 하나님의 용서를 발견함

A. 용서의 발견 없이 위로 없음
B. 용서의 발견의 두 종류
  1. 진리면에서 : 교리 안에서 객관적인 용서를 발견함
  2. 능력면에서 : 경험 안에서 주관적인 용서를 발견함
C. 경험을 통한 용서의 주관적인 발견이 어려운 이유
  1. 양심의 반항
  2. 율법의 항거
  3. 하나님의 의에 대한 인식

VIII. 용서의 발견에 대한 그릇된 추측들
  - 잘못된 가정들과 복음적 용서를 믿는 믿음의 차이

A. 인간이 보편적으로 가지고 있는 용서의 두 개념
  1. 무신론적 가정
  2. 피상적인 교리의 가정
B. 용서에 대한 그릇된 가정과 복음적 믿음의 차이
  1. 개념과 능력의 차이
  2. 안일한 추론과 피 어린 확신
  3. 죄에 대한 친화감과 진지한 혐오감
  4. 자기 의와 그리스도만을 의지함

IX. 믿음으로 하나님의 용서로 나아감

A. 용서를 믿음 : 오직 믿음으로만 이해 됨
B. 용서를 발견 : 참된 믿음의 효과
  1. 하나님과 함께 하려는 결단
  2. 기다림을 위한 결단
  3. 구원받고자 하는 결단
C. 믿음의 의미 : 하나님을 향한 절대 의존을 가리키는 것으로써 최소한 다음 사실을 포함
  1. 하나님은 정당하다는 확신
  2. 하나님 앞에서 살고 싶다는 확신
  3. 죄를 갚음에 있어서 자신은 절대로 무능하다는 확신
  4. 오직 그리스도를 통해서만 용서받을 수 있다는 확신

X. 용서하시는 하나님

A. 용서의 증거들
  1. 아담과 하와의 범죄와 은총
  2. 하나님의 이름을 계시하심
  3. 제사 제도

4. 회개의 촉구, 죄인들을 기쁘게 여기심
   5. 예배를 명하심 : 세례, 성찬, 용서를 가르치심
   6. 아들을 보내심 : 속죄하심
 B. 용서가 필요한 사람들
   1. 불신자들 : 용서를 통한 생명이 필요함
   2. 신자들 : 용서를 통한 평화의 발전, 풍성한 삶

XI. 회개로 나아감

 A. 용서받지 못한 상태의 문제 : 적대감
   1. 인간편 : 죄로 말미암는 적대감(부당함)
   2. 하나님편 : 의로운 성품에서 비롯된 적대감(정당함)
 B. 적대감의 해소
   1. 인간편 : 자기 안에 있는 죄를 죽임
   2. 하나님편 : 자비로운 성품으로 용서해 주심
 C. 회개를 사용하심
   1. 인간편 : 죄에 대한 사랑을 버림
   2. 하나님편 : 회개하고자 하는 이에게 회개하게 하심
 D. 하나님과의 평화와 화해로 나아가라
   1. 용서받지 못한 자신의 운명을 생각하라
   2. 복음을 생각하라

XII. 하나님의 용서를 구하지 않는 자들에게

 A. 하나님의 은혜와 상관없이 사는 자들
 B. 사유를 믿는다고 말만 할 뿐, 구하지 않는 자들
   1. 하나님과 화목한지 반문하라
   2. 피상적인 종교생활을 후회하라
   3. 자신의 완고함을 미워하라
   4. 용서의 탁월한 은혜를 생각하라
   5. 오직 그리스도를 의지하라

CONSIDERATION & APPLICATION

영혼의 깊은 어두움

➤ 용서의 감격을 잃어버렸을 때 ≺

빛의 자녀인 그리스도인이
깊은 어두움 가운데 놓이기도 하는 것은
하나님의 용서를 경험하지 못하였기 때문입니다

청교도의 왕자로 불리는 영적 거장 존 오웬John Owen도 심각한 영적 침체를 경험한 적이 있다고 합니다. 그러나 그는 그 깊은 영혼의 어두움에서 진리의 밧줄을 굳게 붙들고 헤쳐 나왔고, 그 경험을 통해 사유하시는 하나님의 놀라운 은혜에 눈뜨게 되었습니다. 어느 날, 존 오웬은 젊은 목회자에게 다음과 같은 질문을 던졌습니다. "사랑하는 형제여, 우리에게 죄가 있다면, 우리는 어떻게 해야 합니까?" 이에 젊은 목회자는 "우리 주 예수 그리스도의 구속의 공로를 힘입어 하나님 앞에 나아가 용서받으면 되지요" 라고 답변하였습니다. 그러자 존 오웬은 빙긋이 웃으면서 이렇게 말했습니다. "그것은 나도 이미 오래 전부터 알고 있었소. 내가 궁금한 것은 우리가 그리스도 예수의 보혈을 힘입어서 하나님 앞으로 나아가는 구체적인 방법이 무엇인가 하는 것이오."

우리는 오웬의 이 질문을 그리스도인으로 살아가는 우리 자신을 향해 던져 보아야 합니다. 아직도 많은 그리스도인들이 진정한 용서의 경험을 누리지 못한 채 살아가고 있기 때문입니다. 그리스도인의 다른 이름은 용서받은 죄인입니다. 우리가 그리스도인일 수 있는 것은 세상이 결코 알 수 없는 용서의 감격을 소유했기 때문인 것입니다. 그런데 불행히도 그리스도인이라고 해서 모두 용서의 감격에 젖어 사는 것은 아닙니다. 상당히 많은 신자들이 용서받은 죄인임에도 불구하고, 실제적으로는 하나님의

"여호와여 내가 깊은 데서 주께 부르짖었나이다"(시 130:1)

용서를 모른 채 살아가고 있는 것입니다. 하나님의 용서의 경험을 현재적으로 소유하지 못했다면, 그 사람은 그리스도인이라 할지라도 필연적으로 영혼의 깊은 어두움 속으로 들어갈 수밖에 없습니다. 그리고 그 속에서 이내 하나님의 친절함과 사랑, 예전에 알고 있던 깊은 은혜, 이 세상을 이길 힘을 주던 하나님의 큰 능력, 사랑 속에서 경험했던 하나님과의 신비적인 연합 등을 모두 잃어버리고, 마치 하나님께 버림받은 것 같은 차가운 거절감만을 뼛속 깊이 느끼게 되고 맙니다.

여러분! 하나님의 용서를 경험하며 살고 계십니까? 용서받은 자의 감격 속에서 하루하루를 보내고 계십니까? 하나님과의 화목의 징표들이 여러분의 삶 속에 나타나고 있습니까? 자신의 삶 속에서 하나님과의 화목의 징표를 찾을 수 없다면, 그것은 여러분이 하나님의 용서를 실제적으로 경험하지 못하고 있다는 증거입니다.

마음에 두고 생각하기

하나님으로부터 선사받은 용서라는 값진 선물을 지식의 창고 속에 넣어둔 채 바라만 보고 있어서는 안 됩니다. 용서는 경험으로 배우는 진리이기 때문입니다.

➤ APPLICATION

구원받은 신자도 하나님께로부터
버림받은 것 같은 거절감에 휩싸일 수 있습니다

영혼의 깊음이란 하나님에 대한 온전하고 달콤했던 사랑이 모두 사라져 버리고, 하나님께 철저히 버림받았다는 좌절감만이 영혼에 가득한 상태로 정의 내릴 수 있습니다. 그런데 성경은 은혜받은 신자라 할지라도 이러한 "깊은 데"시 130:1에 떨어질 수 있다고 말합니다. 하나님의 놀라운 사랑을 깨달은 신자라 할지라도, 하나님의 진노 앞에서 두려워 떨고 죄의식 때문에 괴로워하며 하나님께로부터 버림받은 것만 같은 거절감에 휩싸일 수 있는 것입니다.

구약만 보더라도, 뒤로 물러나 침륜에 빠진 백성들을 향한 하나님의 무서운 심판의 경고가 모세오경을 비롯한 곳곳에 나타나 있습니다. 이스라엘 백성들은 비록 불순종하고 죄를 범하였지만, 동시에 하나님의 은혜와 기적도 많이 경험한 사람들이었습니다. 그러나 그렇게 수많은 기적과 은혜를 경험했음에도 불구하고 철저하게 뒤로 물러가서 깊은 영혼의 어두움 속에 빠지고 말았습니다. 그리고 급기야 배교에 가까운 삶으로까지 나아갔습니다.

노아를 생각해 보십시오. 그는 하나님께 순종하는 사람이었고 의인이었으며 당세에 완전한 사람이었습니다. 홍수 이후, 그는 하나님께서 흠향하실 만한 아름다운 제사를 드리고 사실상 인류의 두 번째 조상이 되었습니다. 그러나 그런 그도 술에 취해 추문을 일으켰고, 그의 아들들은 물

"내가 탄식함으로 곤핍하여 밤마다 눈물로 내 침상을 띄우며 내 요를 적시나이다"(시 6:6)

론 그 후손들에게까지 파멸을 가져왔습니다. 그리고 엄청난 구원을 베푸셨던 하나님의 정의로운 위엄은 노아의 영혼을 압도하는 슬픔과 근심이 되었습니다. 믿음의 사람으로 칭찬받던 아브라함 역시 마찬가지입니다. 그는 이스마엘을 낳은 후 십삼 년 이상 하나님과의 단절을 경험하며, 영혼의 깊은 데에서 고통 받았습니다. 구약에서 그만큼 하나님을 사랑한 사람이 없고 그만큼 하나님의 사랑을 받은 사람이 없다고 칭송받는 다윗도, 비참하리만치 혹독한 영혼의 깊음을 경험했습니다. 이러한 성경의 실례를 통해 우리는 구원받은 신자라도 얼마든지 영혼의 깊음 속으로 들어갈 수 있다는 사실을 알게 됩니다.

마음에 두고 생각하기

우리는 성경에서 하나님 앞에 은혜를 많이 받았지만, 커다란 영혼의 침체를 경험하고 가혹하리만치 긴 세월을 영적 어두움 속에 허덕였던 사람들을 만나게 됩니다. 여러분은 어떻습니까? 혹시 여러분도 그들처럼 영혼의 깊음 속에서 허덕이고 있지는 않습니까? 여러분도 모르는 사이 영혼의 깊음 속으로 미끄러져 들어가고 있지는 않습니까?

 APPLICATION

영혼의 깊음 속에서 나타나는 첫 번째 현상은 하나님의 사랑에 대한 감각의 상실입니다

미국-스페인전쟁 Spanish-American War 에서 쿠바에 진주한 미기병대의 지휘관은 후에 대통령이 된 루즈벨트 Theodore Roosevelt 였습니다. 당시 그의 부대는 극심한 식량 부족으로 부상병 치료에 매우 어려움이 많았습니다. 때마침 근처에 있는 민간 의료봉사대에 식량이 도착했다는 소식이 들렸습니다. 그 민간 봉사대의 책임자는 후에 미국의 백의천사로 유명해진 바턴 Clara Barton 이었습니다. 루즈벨트 대령은 직접 교섭에 나섰고, 바턴을 만나 "식량 일부를 파시오. 좀 비싸도 좋소" 라고 부탁했습니다. 그런데 바턴은 그런 그의 제안을 한마디로 거절했습니다. 루즈벨트 대령은 놀라서 다시 물었습니다. "당신은 의료봉사를 한다면서, 부상병들이 굶어 영양실조가 되어도 좋다는 말이오?" 바턴이 미소를 띠고 대답했습니다. "팔지는 않습니다. 거저 달라고 부탁해 보십시오." 루즈벨트 대령은 그제서야 안심하고, 웃으며 이렇게 말했습니다. "그 방법을 생각 못했군. 당신의 친절과 사랑을 믿지 못했던 나의 어리석음을 용서해 주시오."

영혼이 깊은 침체를 경험하게 되면 먼저 하나님의 사랑에 대한 친밀한 감각을 상실합니다. 성경이 하나님의 사랑이라고 말할 때 이것은 크게 두 가지로 나누어집니다. 성령의 초월적 작용으로 부어지는 사랑과 성령의 내재적 작용으로 말미암은 사랑입니다.

그런데 깊음 속에서는 이러한 개인적인 부흥으로 말미암은 사랑의 감

> "보옵소서 내게 큰 고통을 더하신 것은 내게 평안을 주려 하심이라
> 주께서 나의 영혼을 사랑하사 멸망의 구덩이에서 건지셨고
> 나의 모든 죄를 주의 등 뒤에 던지셨나이다"(사 38:17)

각들과 내재적인 사랑의 경험들이 모두 사라지고 맙니다. 은혜 받고 하나님의 사랑을 경험한 것이 모두 옛 이야기가 되어 버리고, 사랑으로 인한 말할 수 없는 기쁨 대신 한없는 절망과 서글픔만이 가득하게 되는 것입니다. 깊음 가운데 있지 않을 때는 은혜로운 정서와 감각들이 사라지는 것 같다가도 기도하면 다시 살아나지만, 깊음 가운데 들어가고 나면 장시간 기도해도 잃어버린 사랑의 감각이 쉽게 되살아나지 않습니다. 영혼의 깊음 속에서는 마음이 괴롭고 통곡만 쏟아질 뿐, 그 통곡이 하나님의 도움을 구하는 진실한 기도로 나아가지 못하는 것입니다.

마음에 두고 생각하기

하나님과 누리는 사랑으로 말미암은 '말할 수 없는 기쁨'이 여러분의 영혼 안에 있습니까? 하나님의 사랑에 대한 감각이 사라져 가고 있다는 것은, 여러분의 영혼이 심각한 위험 가운데 놓여 있다는 증거입니다.

 APPLICATION

…

영혼의 깊음 속에서 나타나는 두 번째 현상은 생각의 혼란입니다

언젠가 한 성도로부터 이러한 이야기를 들었습니다. "목사님! 제가 아버지라 부르는 나의 하나님이, 나를 싫어하시는 것 같습니다. 아무리 기도를 해도, 제게 느껴지는 하나님은 불친절하고 차가우실 뿐입니다. 제게 한없는 거절감을 안겨주는 그 하나님을, 아들을 십자가에 못 박으시면서까지 우리를 사랑하신 자비로운 하나님과 조화시킬 수 없습니다."

일단 신자가 영혼의 깊음 가운데 빠지게 되면, 그에게는 심각한 생각의 혼란이 찾아옵니다. 해결되지 않는 질문들 속에 갇혀, 머리만 터질 듯이 복잡해지는 이런 일은 마음의 틀이 무너져 버렸기 때문에 야기된 일입니다. 인간의 마음의 틀은 은혜 안에서는 가지런히 정돈되어 있지만, 죄로 인해 깊음 속으로 들어가고 나면 이내 모두 흔들리고 말기 때문입니다.

그래서 우리는 다른 사람이 영적인 침체에 빠졌을 때는 거기에서 벗어나기 위해 어떻게 해야 하는지 조언해 주기도 했었는데, 막상 자신이 영혼의 깊음 속에 빠지고 나면 아무것도 명쾌하게 정리할 수 없고 그저 혼란스럽기만 한 상태를 경험하곤 합니다.

대부분의 경우, 이런 상태의 사람들은 기도하는 시간보다 상상에 빠져 있는 시간이 더 많습니다. 그리고 성도들과 교제하고 섬기는 시간보다 혼자 있는 시간을 더 많이 가지려 합니다. 그런데 더 심각한 문제는 그 시간들이 염려, 근심, 정욕, 죄에 대한 상상 등에 의해 지배되는 경우가 많다는

"내 속에 생각이 많을 때에 주의 위안이 내 영혼을 즐겁게 하시나이다"(시 94:19)

데 있습니다. 그래서 스스로 어떻게 해보려고 나름대로 발버둥이치고는 있지만, 생각은 점점 더 무질서해지고 사고의 뒤엉킴은 점점 더 악화되고 마는 것입니다.

그러므로 우리는 자신의 생각으로 문제를 풀고자 시도하지 말아야 합니다. 영적 깊음 속으로 들어간 사람의 생각은 항상 수만 개의 물음표만 내어놓을 뿐 느낌표나 마침표를 찍는 법이 없기 때문입니다.

마음에 두고 생각하기

영혼의 깊음 속에서는 엄청난 생각의 혼란이 덮쳐 옵니다. 이런 혼란들에 스스로 사로잡힌다면, 그것은 더 큰 혼란을 자초하는 일이 될 것입니다. 머리 속에서 일어나는 생각이 아무리 많아도, 그 생각이 정돈되지 않은 것이라면 그것은 아무 쓸모가 없음을 명심하십시오.

 APPLICATION

영혼의 깊음 속에서 나타나는 세 번째 현상은 하나님의 진노를 받으리라는 정죄감입니다

두 사람이 등산을 갔다가 산 속에서 큰비를 만나 길을 잃어버렸습니다. 한 사람은 겁이 나서 어쩔 줄 몰라했지만 한 사람은 조용히 기도하며 비가 그치기를 기다렸습니다. "당신은 이 어려움 속에서도 하나님을 찾고 있군요. 눈에 보이지도 않는 하나님이 존재한다는 사실을 내게 증명할 수 있겠소?"라고 한 사람이 물었습니다. "당신은 불안에 떨고 있지만 난 지금도 마음이 평안해요. 이것이 바로 하나님이 살아계시다는 증거지요."

그렇습니다. 하나님의 자녀에게는 하나님으로 말미암는 말할 수 없는 평안이 있습니다. 그런데 영혼이 깊음 가운데로 떨어지고 나면, 평안이 깨어지고 하나님의 진노를 받을 것이라는 무서운 정죄감이 살아납니다. 이 정죄감은 하나님을 아는 지식의 경중이나 영적 강건함의 정도에 따라 크게 두 가지 형태의 두려움으로 표출되는데, 첫째는 자신이 구원받지 못했을지도 모른다는 두려움입니다. 구원의 확신이 별로 없거나 죄에 대한 구체적인 지식을 소유하지 못한 사람들일수록 구원받지 못할지도 모른다는 두려움에 휩싸이기 쉽습니다. 그리고 이런 두려움은 내버려 둘 경우, 삶의 뿌리 전체를 흔듭니다. 그러므로 이런 위험에 봉착한 사람은 참된 복음의 빛 아래에서 예수 믿고 구원 얻는다는 것이 무엇인지 처음부터 다시 배워야 합니다. 그렇지 않으면 계속 경계인처럼 왔다갔다 할 수밖에 없습니다. 둘째는 구원의 문제까지 흔들리지는 않지만 뭔가 벌을

"주의 진노가 내게 넘치고 주의 두렵게 하심이 나를 끊었나이다"(시 88:16)

받을 것이라는 불안감을 느끼게 되는 경우입니다. '하나님께서 어떤 방법으로 나를 치실까? 내 사업을 망하게 하시거나, 교통사고를 나게 하시면 어쩌지? 나의 사랑하는 가족을 데려가셔서 나로 하여금 비통과 눈물 속에 살아가게 하실지도 몰라. 나에게 뭔가 나쁜 일이 일어날 거야' 하는 불안감이 그를 사로잡는 것입니다. 그러나 이러한 상황을 회심의 미소를 짓고 바라보는 존재가 바로 사단입니다. 하나님을 향한 견딜 수 없는 불안감은, 오히려 신자로 하여금 죄를 붙들어 위안받으려 하도록 만들기 쉽기 때문입니다.

그런데 신자가 이렇게 하나님을 향한 신뢰를 잃어버리는 것은 하나님이 변덕스럽기 때문이 아니라, 자신에 대한 정죄의식이 하나님께 나아가는 것을 막기 때문입니다. 따라서 하나님 앞으로 나아가지 않는 한, 그는 점점 더 깊은 미궁으로 빠져들고 말 것입니다.

마음에 두고 생각하기

죄를 붙들고 있는 한, 정죄에 대한 커다란 두려움에서 벗어날 수는 없습니다. 그러므로 죄로 인해 영혼의 깊음 가운데 빠진 신자에게는 평강이 없습니다.

 APPLICATION

영혼의 깊음 속에서 나타나는 네 번째 현상은
영혼의 깊은 고통입니다

옛날에 사용하던 화살은 보통 300미터를 날아갔고, 특수 장치를 매달면 473미터까지 날아갔다고 합니다. 더군다나 옛날에는 화살 끝에 독을 묻혀서 사용했기 때문에 한번 맞으면 살아날 수 없었습니다. 주석가들은 에베소서 6장 16절에 나오는 악한 자의 화전이 바로 그런 독화살을 의미하는 것이라고 말하기도 합니다.

한번 생각해 보십시오. 독화살이 몸에 박히면 어떻게 되겠습니까? 핏줄과 힘줄, 그리고 신경을 뚫고 뼈를 으스러뜨리고 골수에까지 가서 박힐 것입니다. 잡아당겨 뽑아 낼 수도 없는 상황에서, 출혈과 함께 견딜 수 없는 통증이 계속 될 것입니다. 아마도 뼈가 녹는 것만 같은 고통이 더 이상 그 통증을 견디지 못하고 혼절할 때까지 괴롭힐 것입니다.

그런데 그러한 화전에 대한 묘사는 에베소서에서만 나오는 것이 아닙니다. 시편 기자는 하나님께서 신자의 영혼에 화살을 쏘시기도 하는 것처럼 묘사합니다. "사람이 회개치 아니하면 저가 그 칼을 갈으심이여 그 활을 이미 당기어 예비하셨도다 죽일 기계를 또한 예비하심이여 그 만든 살은 화전이로다"시 7:12-13. "주의 살이 나를 찌르고 주의 손이 나를 심히 누르시나이다"시 38:2.

시편 기자의 이러한 진술은 깊음 가운데 떨어진 영혼이 겪는 극심한 고통을 적절히 표현하기 위한 것이라고 생각됩니다. 실제로 우리는 영혼

"주의 살이 나를 찌르고 주의 손이 나를 심히 누르시나이다"(시 38:2)

의 깊은 침체 가운데에서 영혼의 커다란 고통을 경험합니다. 영혼이 깊음 속으로 들어가면, 영혼 전체에 심각한 고통이 밀려오고, 이전에 경험하던 사랑과 기쁨은 간 곳이 없어집니다. 영혼의 깊음 속에는 커다란 고통만 있을 뿐, 어떠한 위로도 없기 때문입니다.

사랑하는 여러분! 영혼의 깊음 속에서 나타나는 네 번째 현상은 영혼의 깊은 고통입니다. 그런데 더 비참한 것은 깊은 고통뿐 아니라, 당신의 아들을 이 세상에 보내시기까지 사람을 사랑하신 하나님의 존재를 가슴으로 느끼지 못하게 된다는 데 있습니다.

오늘날 그리스도인들이 봉착한 심각한 문제 중에 하나인 신앙의 형식화가 바로 여기서 시작됩니다. 머리로 이해하는 것만으로는 하나님 앞에 순종하는 삶을 살 수 없기에, 이 지점에서 신자는 형식적인 신앙생활로 나아가게 되고 마는 것입니다.

마음에 두고 생각하기

깊음 속에 있는 영혼에게는 커다란 고통만 있을 뿐 어떠한 위로도 없습니다. 여러분의 영혼은 어떻습니까? 혹시라도 영혼의 깊음 가운데 있는 것은 아닙니까?

 APPLICATION

영혼의 깊음 속에서 나타나는 다섯 번째 현상은 생기 없고 무능한 삶입니다

1981년, 그 해 타임지의 인물로 선정된 사람은 폴란드의 자유 노조 지도자 바웬사Lech Wałęsa입니다. 그는 민중의 친구로서, 늘 "나는 여러분의 뜻이라면 언제든지 여러분의 희생양이 되겠소"라고 말하였고, 목숨을 걸고 자유 노조를 지지하다가 결국 1981년에 투옥되고 말았습니다. 그런데 바웬사에 대해 잘 알려지지 않은 사실이 하나 더 있습니다. 바로 그가 "나의 뿌리는 하나님입니다"라고 고백하였다는 사실입니다. 폴란드 공산 정부의 막강한 군사력이 바웬사 한 사람을 좀처럼 어떻게 할 수 없었던 것은, 그가 하나님으로부터 힘을 얻는 사람이었기 때문입니다.

사랑하는 여러분! 하나님으로부터 공급되는 무한한 영적 자원으로 살아가는 사람들은 세상을 겁내지 않습니다. 그래서 그들은 어떠한 상황 속에서도 유능하고 활기찹니다. 그들의 삶의 근원이 하나님 한분뿐인 한 말입니다.

그런데 영혼이 깊음 속으로 들어가면 필연적으로 하나님으로부터 영적 자원을 공급받을 수 없게 됩니다. 그래서 생기 없고 무능한 삶을 살 수밖에 없어집니다.

한번 생각해 보십시오. 영혼의 깊음 가운데 있을 때는 즉각적으로 기도할 수 없는 무기력에 휩싸이지 않습니까? 사실 기도하라고 촉구할 때 바로 기도할 수 있는 사람들은 비교적 문제가 적은 사람들입니다. 많은 사

"피곤한 자에게는 능력을 주시며 무능한 자에게는 힘을 더하시나니"(사 40:29)

람들이 기도할 수 없기 때문에 기도하지 않으려 합니다. 기도를 해도 거절감만 느껴지고, 하나님의 말씀을 묵상하려 눈을 감아도 온갖 잡스러운 생각만이 머릿속을 채웁니다. 하나님께서 자신에게 맡겨 주신 사명이 무엇이고, 어떻게 섬겨야 하는지 모르는 것도 아닌데, 그렇게 살 수 있는 힘이 없는 것입니다. 기도 생활도 말씀 생활도 없으니, 행해야 할 의무를 행할 수 있는 원기를 공급받을 통로가 없는 것입니다.

여러분은 어떻습니까? 여러분의 삶의 자원이 하나님으로부터 공급되는 하늘 자원입니까? 하늘 자원을 누리며 세상이 감당할 수 없는 사람으로 살고 계십니까?

마음에 두고 생각하기

영혼의 깊음 속에서는 하나님으로부터 공급되는 영적 자원을 누릴 수 없기에, 하나님께서 주신 사명을 따라 생기 있고 유능하게 살아갈 수 없습니다. 그래서 영혼의 깊음 가운데 놓인 사람들은 하늘 자원을 누리며 활기차게 살아가는 사람들을 보면서, 마치 휠체어에 앉아 있는 사람이 건강한 사람들의 운동하는 모습을 보며 느끼는 소외감 같은 것들을 경험하게 됩니다.

 APPLICATION

신자가 영혼의 깊음 속으로 떨어지는 것은 죄 때문이며, 그 깊음으로부터 구원받는 유일한 길은 하나님의 용서입니다

도대체 무엇이 우리를 이런 깊음 속에 떨어뜨릴까요? 그것은 바로 죄입니다. 그러나 죄를 지었다고 해서 무조건 깊음으로 떨어진다면, 이 세상에 깊음 가운데 있지 않은 사람은 하나도 없을 것입니다. 그러므로 우리는 어떤 유형의 죄가 신자를 깊음 가운데로 떨어지게 하는 지 살펴볼 필요가 있습니다. 하나님께서 신자의 영혼을 깊음 가운데 떨어뜨리는 것은 첫째로 뚜렷하고 큰 범죄를 저질렀을 경우, 둘째로 사소하고 일상적인 범죄지만 그것이 하나님의 특별한 목적과 계획 아래 우리를 다루시는 데에 이용될 경우입니다.

이러한 유형의 죄들이 신자의 영혼을 깊음 가운데로 떨어뜨립니다. 그리고 이렇게 영혼의 깊음 속으로 들어온 신자들은 뒤로 물러날 수도, 앞으로 나아갈 수도 없는 곤궁한 상태 속에서 영혼의 참된 만족과 기쁨을 모른 채 살아갑니다. 세월이 흐르면 나아질 것이라는 막연한 희망을 품지만, 사실 이러한 상태는 세월이 흘러간다고 해서 저절로 해결되는 것이 결코 아닙니다.

아직도 너무나 많은 사람들이 범죄한 후 어떻게 해야 그리스도 예수의 공로를 힘입어 하나님의 은혜의 보좌 앞으로 나아가 용서함을 받을 수 있는지 모른 채 살아갑니다. 하나님의 은혜의 계획들이 죄의 용서를 통해서 드러나고, 그 용서로 말미암아 하나님을 더 소중한 분으로 생각하게

> "다 같은 신령한 음료를 마셨으니
> 이는 저희를 따르는 신령한 반석으로부터 마셨으매 그 반석은 곧 그리스도시라"(고전 10:4)

되는데, 안타깝게도 그 용서의 경험은 아직까지 소수만이 누리고 있을 뿐입니다. 주변을 돌아보십시오. 죄를 지은 기억은 또렷한데, 그 죄로부터 용서받았다고 하는 경험은 또렷하지 않아 고통 받는 이들이 우리 가운데에는 너무나 많습니다. 시간의 흐름 속에 적당히 덮이기도 하고 잊혀지기도 하지만, 순간순간 기회만 되면 그것들이 다시 망령처럼 되살아나 우리의 양심을 송사합니다. 그래서 우리로 하여금 예수님께서 우리의 죄를 위해서 죽으셨다는 사실과 죄에 의해 공격을 받고 있는 현재적인 상황 사이의 메울 수 없는 간격을 느끼며 혼란스러워하게 만듭니다.

현재적으로 이러한 어려움 가운데 계신 분들에게 묻겠습니다. 언제까지 이러한 비참한 형편 가운데 계시겠습니까? 하나님께서는 여러분에게 구원의 기쁨을 회복할 수 있는 길을 이미 허락하셨습니다. 바로 용서하시는 하나님 앞으로 나아가는 것입니다.

마음에 두고 생각하기

신자가 구원의 복된 상태에서 멀어져 영혼의 깊음 가운데로 떨어지는 것은 죄 때문입니다. 죄로 인해 영혼의 깊음 가운데 떨어진 신자의 유일한 희망은 하나님의 용서하시는 은혜입니다.

➤ APPLICATION

일상적인 죄라 할지라도
하나님의 사랑과 자비 아래서 범죄하는 경우
영혼의 깊음 가운데 떨어집니다

토마스 왓슨Thomas Watson은 십계명을 설교하면서 "하나님께서는 때로 너무나 사소해 보이는 죄 하나 때문에 어떤 신자들을 가혹할 정도의 긴 세월 동안 영혼의 어두운 터널 속에서 몸부림치게 만드신다" 라고 말하였습니다. 그렇습니다. 때때로 하나님께서는 영혼을 즉각적으로 파괴하는 크고 분명한 죄가 아님에도 불구하고, 그 죄를 심각하게 다루십니다. 그래서 일상적이고 경미한 죄를 저질렀을 뿐인데도, 어떤 사람은 영혼의 깊음 가운데 떨어집니다. 그러면 과연 무엇이, 일반적으로 심각하게 다루어지지 않는 일상적인 범죄를, 심각한 대가를 치를 수밖에 없도록 만드는 것일까요? 여기에는 여러 이유가 있는데, 그 중 가장 흔한 경우가 하나님의 특별한 사랑을 경험하는 가운데 범죄할 때입니다.

하나님께서는 항상 우리를 사랑하시고 우리에게 자비를 베푸십니다. 그러나 신앙생활을 하다보면, 유난히 더 하나님의 은혜가 새롭고 감격적인 시기가 있습니다. 이러한 때에 행한 범죄는 매우 가혹한 하나님의 다루심을 받습니다. 죄의 크기가 같으면 하나님께서 죄를 다루시는 방법도 같을 것이라고 생각하지 마십시오. 그 사람이 얼마나 많은 하나님의 사랑과 자비를 경험하고 있는가에 따라서, 똑같은 죄도 하나님께서는 다르게 다루십니다. 하나님께서는 그 죄가 의미하는 바가 무엇인지를 훨씬 잘 아는 사람의 범죄를 보다 더 가혹하게 다루시기 때문입니다. 이것은 하나님

"그런즉 선 줄로 생각하는 자는 넘어질까 조심하라"(고전 10:12)

께서 은혜 받은 자에게 요구하시는 책임이 얼마나 큰지를 보여줍니다. 그러므로 은혜 받은 자는 그 은혜에 걸맞게 살아야 합니다.

예전에 늘 짓던 죄라 할지라도, 은혜 받은 후에 다시 범하게 되면 상황이 달라집니다. 예전에는 넘어가셨지만, 이번에는 하나님께서 보다 심각하게 다루시기 때문입니다. 그래서 기도도 할 수 없고, 섬기던 모든 일들도 감당할 수 없으며, 말씀도 귀에 들어오지 않게 됩니다. 그저 견딜 수 없는 영혼의 고통만이 화살처럼 깊이 박혀, 건드릴 때마다 뼈를 긁어내는 듯한 아픔을 주는 것입니다.

여러분! 생애적인 하나님의 은혜를 경험하고 계십니까? 그렇다면 기억하십시오. 만약 여러분이 예전의 죄로 돌아가 미끄러진다면, 그것이 아무리 작은 죄라 할지라도 하나님께서 쏘신 화살을 맞는 듯한 고통스러운 영혼의 밤을 지내게 될 것입니다.

마음에 두고 생각하기

하나님의 특별한 사랑을 경험하셨습니까? 그렇다면 이제 여러분은 예전과 다른 존재입니다. 여러분에게는 은혜 받기 이전과는 비교도 할 수 없는 커다란 사명과 책임이 주어졌기 때문입니다.

> APPLICATION

# 일상적인 죄라 할지라도
강한 확신에서 이탈하여 범죄하는 경우
영혼의 깊음 가운데 떨어집니다

일상적인 범죄로 인해 영혼의 깊음 가운데 떨어지는 두 번째 경우는 죄에 대한 분명한 인식이 있는데도 그 강한 확신에서 이탈하여 범죄하거나, 이제 막 싹트기 시작한 사랑을 정욕이나 불신앙으로 끊어버릴 때입니다. 이런 경우, 비록 일상적이고 작은 죄를 범했다고 할지라도 하나님께서는 매우 가혹하게 다루십니다.

사실 우리는 인생 전반에 걸쳐 죄가 무엇인지, 죄를 지으면 어떤 결과가 오는지를 배웁니다. 그러나 죄를 대하는 태도를 바꾸기 위해서는 그러한 깨달음과 함께 성령의 역사가 필요합니다.

성령께서 죄인에게 오셔서 제일 먼저 하시는 일은 죄를 깨닫게 하시는 것입니다. 성령께서는 죄가 무엇이고 죄의 결과가 얼마나 비참한지를 칼을 꽂듯 분명하게 우리의 가슴에 확신시켜 주십니다. 그리고 이러한 확신은 첫 회심의 때에만 일어나는 것이 아니라, 구원받은 이후에도 끊임없이 반복되어야 하는 일입니다.

성령께서 우리 안에 역사하시면, 자신의 영혼의 상태를 하나님의 시야에서 정확하게 보게 되고, 자신이 죄인이라는 사실을 깊이 인정하게 됩니다. 성령께서 이렇게 하시는 목적은 우리를 정죄하기 위함이 아니라 그 과정을 통해서 예수님의 구속의 공로를 힘입어 하나님 앞에 나아와 용서를 받게 하기 위함입니다.

"근신이 너를 지키며 명철이 너를 보호하여"(잠 2:11)

하지만 죄에 대한 강력한 확신은 오히려 신자의 마음을 한순간에 완악하게 하여 범죄하게 만들기도 합니다. 죄에 대한 확신의 역작용으로 하나님의 용서를 갈망하는 대신, 무조건 영혼을 짓누르는 정죄감으로부터 도망쳐 버리고 싶어지는 것입니다. 그들은 신앙 없이 살 수 있다고 생각하며, 영혼의 회복을 위한 치열하고 복잡한 과정들을 거부합니다.

그런데 이렇게 될 때, 하나님께서는 그 죄를 매우 심각하게 다루십니다. 그래서 죄에 대한 확신이 있는 가운데 범죄하게 되면, 그런 확신이 없을 때 범죄하였을 때보다 훨씬 심각한 영혼의 깊음 속으로 떨어지게 됩니다. 이것은 곧 성령의 역사하심에 대해 반발한 것이기 때문입니다.

마음에 두고 생각하기

일상적인 죄라 할지라도, 그것이 하나님을 슬프게 하는 죄임을 강하게 확신하는 가운데 행한 범죄라면 하나님께서는 매우 가혹하게 다루십니다. 이것은 곧 하나님 자신에 대한 반발이기 때문입니다.

➤ APPLICATION

헌신을 위한 탁월한 기회와 은사를 외면할 때 영혼의 깊음 가운데 떨어집니다

일상적인 죄임에도 불구하고 하나님께서 그것을 특별하게 다루셔서 우리를 영적인 깊음 속에 두시는 세 번째 경우는 헌신할 수 있는 탁월한 기회와 은사를 외면하고 범죄 할 때입니다.

사도행전 5장에 나오는 아나니아와 삽비라의 예가 그런 경우에 속합니다. 그들은 누가 시켜서가 아니라 성령의 감동을 받아 자원하는 마음으로 자신의 재산을 팔아 하나님 앞에 바치기로 하였습니다. 그런데 생각이 변했습니다. 불행하게도 그들의 생각을 변하게 한 것은 성령이 아니라 인간의 정욕이었습니다. 그들은 섬길 수 있는 기회를 외면하고, 성령의 인도하심 대신 인간의 정욕을 택했습니다. 그런데 이것은 아나니아와 삽비라 두 사람만의 문제가 아니었습니다. 이것은 두 명의 성도가 믿음에서 이탈하는 단순한 사건이 아니라, 당시 교회 전체에 부어지던 성령의 강력한 역사를 전면적으로 거스르는 중차대한 사건이었던 것입니다. 그래서 하나님께서는 이것을 가볍게 넘어가지 않으시고, 아주 심각하고 진중한 방법으로 다루셨습니다. 그렇게 하심으로써 초대교회의 순결을 위협하고 성령을 모독하는 죄의 뿌리를 잘라 버리셨던 것입니다.

하나님 앞에서 참된 그리스도인으로 살아가노라면 정직한 삶 때문에 고난을 당하는 경우도 종종 생기지만, 반대로 하나님의 축복을 놀랍게 경험하는 경우도 생깁니다. 고난을 당할 때의 태도를 보면 그 사람의 신

"아나니아가 이 말을 듣고 엎드러져 혼이 떠나니 이 일을 듣는 사람이 다 크게 두려워하더라"(행 5:5)

앙의 성숙도를 알 수 있듯이, 축복을 받은 때의 태도를 보면 그가 정말 하나님을 사랑하는 사람인지를 알 수 있습니다. 하나님께서 축복해 주시는 것들을 전쟁터에 나가서 빼앗은 노략물처럼 생각하는 사람은 결코 하나님을 깊이 사랑하는 사람이 아닙니다. 하나님의 축복은 우리의 믿음에 대한 보상일 뿐 아니라, 미래에 하나님을 더 잘 섬길 수 있도록 주신 기회입니다.

생각해 보십시오. 우리가 가진 것 중 하나라도 하나님께로부터 오지 않은 것이 있습니까? 우리의 모든 것은 하나님으로부터 말미암은 것입니다. 그러므로 하나님께서 우리의 삶을 축복해 주실 때, 우리는 그것이 하나님을 섬길 복된 기회임을 알아야 합니다.

마음에 두고 생각하기

하나님께서 우리에게 헌신할 수 있는 탁월한 기회와 은사를 주실 때 그것을 외면하지 마십시오. 그렇지 않으면 어느 한순간에 우리의 영혼이 깊음 속에 떨어질 수도 있습니다. 신자에게는 영원히 내 것이 없습니다. 신자의 모든 소유는 하나님의 것입니다. 불안과 불신은 실천이 없는 은사의 녹綠을 먹고 자라는 벌레임을 잊지 마십시오.

 APPLICATION

특별한 경고 후에 범죄하거나, 큰 파장을 불러일으키는 죄를 범할 때 영혼의 깊음 가운데 떨어집니다

일상적이고 작은 죄인데도 불구하고 하나님께서 그 죄를 중대하게 다루시는 경우는 하나님의 특별한 경고를 무시하고 범죄하거나, 추문을 일으키는 죄를 범할 때입니다. 먼저 전자의 경우부터 살펴보겠습니다. 살다 보면, 하나님께서 어떤 죄에 대해 매우 특별하게 거듭 경고하시는 때를 만나곤 합니다. 참 신기하게도, 성경을 읽어도, 예배를 드려도, 구역공부를 하거나 종교 방송을 들어도 동일한 경고의 말씀이 주어집니다. 이런 경우, 그 경고를 어기고 죄를 범하면 영혼의 깊음 속으로 떨어지고 맙니다. 거듭되는 경고에도 불구하고 하나님의 뜻을 거스르고 범죄하는 것을, 하나님께서는 당신을 향한 정면도전으로 보시기 때문입니다. 이것은 우리가 자녀를 양육할 때, 아이가 야단맞고 돌아서서 투덜대는 것과 눈을 똑바로 치켜뜨고 부모의 얼굴을 응시하며 말대꾸하는 것을 동일하게 판단하지 않는 것과 같은 이치입니다.

또한, 커다란 파장을 일으키는 범죄에 있어서도 하나님께서는 심각하게 다루십니다. 똑같은 죄라 할지라도 아무도 모르는 곳에서 은밀하게 이루어졌다가 끝난 것과 공개되어서 수많은 사람들에게 하나님의 이름을 수치스럽게 한 경우를 다르게 다루시는 것입니다. 사무엘하 12장에는 다윗이 우리아의 아내 밧세바를 범한 것 때문에 나단 선지자가 와서 하나님의 준엄한 심판을 경고하는 장면이 나옵니다. 그 경고 가운데에서 "이

> "이 일로 인하여 여호와의 원수로 크게 훼방할 거리를 얻게 하였으니
> 당신의 낳은 아이가 정녕 죽으리이다" (삼하 12:14)

일로 인하여 여호와의 원수로 크게 훼방할 거리를 얻게 하였으니 당신의 낳은 아이가 정녕 죽으리이다"삼하 12:14 라는 구절을 볼 수 있는데, 이것을 통해 우리는 하나님께서 죄의 크기만 보시는 것이 아니라 죄가 미치는 파장도 고려하신다는 것을 알 수 있습니다. 죄의 파장이 클 때, 하나님께서는 그 죄를 범한 영혼을 깊음 속에 들어가게 하십니다. 이렇게 한 번 생각해 보십시오. 평신도 중 한 사람이 주일에 동해안에 가서 회를 먹고 술을 한잔 걸치고 돌아오다 음주운전에 걸렸다면, 대부분 그냥 넘어갈 것입니다. 그러나 만약 장로가 그랬다면 문제는 달라집니다. 더군다나 그런 일을 저지른 사람이 목사라면 문제는 더욱더 심각해질 것입니다. 행한 일이 같다 해도, 미치는 파장이 다르다면 하나님께서는 그것들을 각각 다르게 다루십니다.

마음에 두고 생각하기

혹시 죄의 크기만 재고 있지는 않습니까? 일상적인 죄라 할지라도 그것이 거듭되는 경고에도 불구하고 행한 범죄이거나, 커다란 파장을 몰고 올 범죄라면 하나님께서는 심각하게 다루십니다. 하나님께 중요한 것은 죄 자체가 아니기 때문입니다.

➤ APPLICATION

구원받은 신자임에도 깊음 속에 떨어질 수 있는 것은 언약 관계가 인간의 의지를 초월하여 역사하지는 않기 때문입니다

미국 서부 개척 시대 목장에서 유행된 장치는 발판 물통platform trough 이라는 것이었습니다. 이것은 소가 발판에 올라서면 소의 무게로 물줄기의 마개가 자동적으로 열려 물통에서 물이 흘러나오는 장치입니다. 소는 물이 마시고 싶으면, 제자리에 가만히 서서 주인을 보며 "음메, 음메" 하고 우는 대신 물통으로 다가가 발판으로 올라서야 합니다.

우리가 누리는 축복된 언약 관계도 마찬가지입니다. 비록 아무 공로 없이 하나님의 은혜로 누리는 것이기는 하지만, 우리의 의지를 초월해서 역사하는 것은 아닙니다. 구원받은 신자임에도 불구하고 영혼의 깊음 속으로 떨어질 수 있는 것은 언약 관계의 성질 자체가 구원받은 신자라도 깊음 속으로 떨어질 수 있는 가능성을 가지고 있기 때문입니다.

이것은 모세를 통해 율법으로 맺어진 옛 언약과 예수 그리스도로 말미암아 맺어진 새 언약을 살펴보면 보다 자세하게 이해할 수 있습니다. 옛 언약 속에는 죄의 용서를 위한 그 어떤 자비도 허락되어 있지 않습니다. 다만 "이것은 죄이다. 이렇게 행하지 마라. 불순종하면 하나님께서 징벌하시고, 순종하면 하나님께서 복 주실 것이다" 하는 사실만 나타나 있을 뿐입니다. 결국 옛 언약인 율법은 죄를 깨닫게 하는 기능이 있을 뿐, 죄를 이기며 살아갈 수 있는 힘을 공급해 줄 수는 없었습니다. 그러므로 옛 언약 관계 속에서는 구원받은 사람들이라 해도, 다시 범죄하고 영혼의 깊음

> "그러나 네가 거기서 네 하나님 여호와를 구하게 되리니
> 만일 마음을 다하고 성품을 다하여 그를 구하면 만나리라"(신 4:29)

속으로 들어갈 수밖에 없었습니다. 그러면 새 언약은 어떨까요? 물론 새 언약은 옛 언약과 본질적으로 다른 언약입니다. 새 언약은 우리에게 어떻게 하나님께 의지하고 순종하며 살 수 있는지를 보여 주는 동시에, 그렇게 살 수 있는 능력까지 공급해 주기 때문입니다. 그러나 그렇다고 해서 새 언약이 우리의 의지를 초월해서, 자동적으로 우리 안에서 죄를 막아 주는 것은 아닙니다. 새 언약을 통해 우리가 절대적인 축복의 자리에 놓여지게 된 것은 사실이나, 은혜가 우리의 의지와 상관없이 초월적으로 역사하여 우리의 죄를 막아 주는 것은 아니기 때문입니다.

마음에 두고 생각하기

새 언약 속에서 구원을 얻게 된 신자에게 하나님께서는 은혜의 공급을 약속하셨습니다. 그러나 그것은 이제 영원히 미끄러지지 않는다는 보증은 아니었습니다. 그 어떤 언약 관계도 우리의 의지와 상관없이 초월적으로 역사하지는 않습니다. 하나님께서는 죄를 짓지 않고자 하는 신자에게 죄를 이길 수 있는 힘을 공급해 주시는 것입니다.

 APPLICATION

구원받은 신자임에도 깊음 속에 떨어질 수 있는 것은
죄를 이길 능력은 순종을 담보로 주어지기 때문입니다

구원받은 신자임에도 불구하고 영혼의 깊음 속에 떨어져, 오히려 하나님께 고통을 드리는 삶을 살 수도 있는 것은, 죄를 이길 능력이 순종을 담보로 주어지기 때문입니다.

하나님께서는 새 언약 관계를 수립하셔서 우리를 거듭난 피조물로 만드시고, 많은 은혜와 죄를 이길 수 있는 놀라운 능력을 약속하셨습니다. 그런데 그 놀라운 능력은 순종을 담보로 우리에게 주어집니다. 우리가 은혜의 원리를 따라 순종하며 살면, 그 능력들을 활용해 죄의 세력들과 맞서 싸우며 거룩한 삶을 살 수 있지만, 순종하지 않으면, 배교자와 같은 삶을 살게 되고 마는 것입니다. 따라서 구원받은 신자라 할지라도, 순종이 없으면 범죄로 인하여 영혼의 깊음 속에 떨어질 수 있습니다.

그런데 사람들은 순종 없이도, 부흥회에 참석하여 안수기도를 받고 오면 죄를 죽이며 주를 위해 큰일을 할 수 있다고 생각합니다. 이 얼마나 어리석은 생각입니까? 성경은 그런 기독교 신앙에 대해서 가르친 바가 없습니다. 은혜를 공급하시는 것은 하나님의 주권적인 사역이지만, 하나님께서는 이 일을 일방적으로 행하지 않으시고 항상 우리의 순종을 사용하시는 것입니다.

그러므로 우리는 순종을 실천하기 위해서 일체의 성실함과 부지런함으로 살아야 합니다. 자기가 좋아하는 하나님의 명령만이 아니라 하나님

"네가 네 하나님 여호와의 말씀을 순종하면 이 모든 복이 네게 임하며 네게 미치리니"(신 28:2)

께서 자기에게 명하시는 모든 것에 대해 온전히 순종하고자 애쓰면서 살아야 합니다. 그렇게 살 때에 하나님께서 강한 은혜의 능력을 부어 주시고, 영혼의 깊음 속에서 상실하였던 하나님의 사랑에 대한 감각과 영혼의 생기를 회복시켜 주시기 때문입니다.

그래서 은혜가 충만한 신자에게는 언제나 "내가 그리스도와 함께 십자가에 못 박혔나니 그런즉 이제는 내가 산 것이 아니요 오직 내 안에 그리스도께서 사신 것이라 이제 내가 육체 가운데 사는 것은 나를 사랑하사 나를 위하여 자기 몸을 버리신 하나님의 아들을 믿는 믿음 안에서 사는 것이라"갈 2:20는 고백이 흘러나옵니다. 그러나 순종하지 않고 사는 신자에게는 "오호라 나는 곤고한 사람이로다 이 사망의 몸에서 누가 나를 건져내랴"롬 7:24는 탄식만이 가득합니다.

마음에 두고 생각하기

구원을 받았다 할지라도 신자에게는 여전히 양극단의 삶이 모두 가능합니다. 순종의 여부에 따라 배교자와 같은 삶을 살 수도, 죄를 이기며 하나님을 영화롭게 할 수도 있는 것입니다. 순종하며 살고 계십니까?

➤ APPLICATION

구원받은 신자임에도 깊음 속에 떨어질 수 있는 것은 신자에게도 죄의 유혹이 강하게 역사하기 때문입니다

토마스 굿윈Thomas Goodwin은 사람이 죄를 짓는 것에 대해 다음과 같이 말했습니다. "개가 뼈다귀가 있으면 그것을 살짝 훔쳐서 물고 밖으로 나가 숨는 것처럼, 사람도 죄가 달콤하기 때문에 혀 밑에 교묘하게 숨겨 두는 것이다." 이처럼 죄는 달콤한 유혹으로 우리에게 다가옵니다. 그리고 이것은 구원받은 신자에게도 마찬가지입니다. 깊이 회개하고 구원의 은혜를 입었지만, 그렇다고 해서 그의 존재 안에 죄에 대한 사랑이 완전히 사라진 것은 아니기 때문입니다.

구원받고 죄와 사망의 그늘에서 해방이 되었다고 하는 것은 죄를 짓고자 하는 욕구를 제어할 은혜를 소유하게 되었다는 것이지, 죄를 짓고자 하는 욕구 자체를 완전히 잃어버렸다는 의미는 아닙니다. 따라서 우리는 죄악 된 욕구 자체를 놓고 어떠한 판단을 내려서는 안 됩니다. 문제는 욕구의 종류와 강도에 있는 것이 아니라, 그 욕구를 제어할 은혜의 유무에 있는 것이기 때문입니다. 그 어떤 죄악 된 욕구라 할지라도 그것이 맹렬하게 다가올 때, 은혜가 그 죄보다 더 맹렬하게 타오르고 있다면 크게 문제가 되지 않습니다. 죄의 유혹이 몰려와도 은혜가 강력하게 역사하여 그것을 무력화시키기 때문입니다.

그런데 은혜가 고갈되어 있는 경우라면 문제가 달라집니다. 은혜가 고갈된 상태의 신자는 결코 죄의 강력한 유혹과 맞서 싸울 수 없기 때문입

"오직 오늘이라 일컫는 동안에 매일 피차 권면하여
너희 중에 누구든지 죄의 유혹으로 강퍅케 됨을 면하라"(히 3:13)

니다. 그러므로 구원받은 신자라 할지라도 은혜가 고갈되어 가는 상태에서 범죄 할 수 있는 상황을 만나게 되면, 그는 엄청난 죄 속으로 단숨에 미끄러져 내려가게 됩니다. 다윗을 보십시오. 간음의 죄를 범하고, 나아가 그 죄를 덮기 위해 살인까지 저지르는 모습이 이러한 이치를 잘 설명해 주지 않습니까? 이처럼 구원받은 신자라도 유혹과 죄가 은혜보다 강력하게 그의 내면에서 역사하고 있다면, 미끄러져 영혼의 깊음 속으로 들어가고 맙니다. 따라서 신자는 언제나 은혜 안에 거하며, 끊임없이 죄의 유혹과 맞서 싸워야 합니다. 그렇게 하지 않으면, 신자라 할지라도 죄의 유혹에 강하게 사로잡히게 될 것이고, 결국 죄를 범하고 영혼의 깊음 속으로 미끄러져 들어가고 말 것이기 때문입니다.

마음에 두고 생각하기

구원받은 신자임에도 불구하고 영혼의 깊음 가운데 들어갈 수 있는 것은, 신자에게도 죄의 유혹이 강력하게 역사하기 때문입니다. 우리는 흔히 거룩한 사람을 죄와 무관한 사람이라고 생각하는데, 사실 그러한 사람은 이 세상에 존재하지 않습니다. 거룩한 사람이란 모든 사람 중에서 죄에 대해 가장 예민하게 반응을 보이며, 은혜로 죄를 이기고자 애쓰는 사람입니다.

 APPLICATION

구원받은 신자임에도 깊음 속에 떨어질 수 있는 것은 우리를 새롭게 하시려는 하나님의 주권적인 지혜 때문입니다

 구원받은 신자가 영혼의 깊음 속으로 들어가기도 하는 것은 하나님께서 신자들에게 이런 일이 일어나는 것을 허락하셨기에 가능한 일입니다. 그러면 하나님께서는 왜 이런 일들을 허락하신 것일까요?

 범죄로 말미암아 영혼의 깊음 속까지 미끄러져 본 사람들은 자신이 죄인이며, 자신의 내면에 스스로의 힘으로는 어쩔 수 없는 죄악된 본성이 존재하고 있음을 명확하게 깨닫습니다. 그래서 하나님 앞에 간절히 매달려 기도하는 가운데, 자신을 비참한 상황으로 몰고 온 그 죄를 지속적으로 공격하기 시작합니다. 이런 면에서 볼 때, 죄로 인해 영혼의 깊음에 빠지는 경험은 오히려 하나님의 은혜를 간절히 구하며 사는 생기 있는 신앙을 갖도록 만들어 줍니다.

 신자가 죄를 짓는 이유는 자기가 죄를 지으면서 맛보는 기쁨이 죄에 대한 하나님의 형벌이 가져다 줄 고통보다 훨씬 크다고 오해하기 때문입니다. 그러나 막상 범죄하여 하나님의 사랑의 경험으로부터 끊어지고, 어떠한 사명도 감당할 수 없을 만큼 무기력해지고, 양심의 가책과 괴로움 속에서 처절한 외로움을 경험하게 되면, 그제야 비로소 자신이 죄의 낙을 찾아 하나님을 떠난 것을 뼈저리게 후회하기 시작합니다. 영혼의 깊음 속에서 경험하게 되는 고통을 통해, 죄를 깊이 두려워하는 마음을 갖게 되는 것입니다.

"그러나 죄가 더한 곳에 은혜가 더욱 넘쳤나니"(롬 5:20下)

하나님께서 우리에게 죄로 인하여 깊음 속에 떨어지는 일을 허락하지 않으셨다면, 우리는 하나님의 은혜 안에서 사는 것이 얼마나 큰 행복인지 깨닫지 못했을 것입니다. 하나님의 은혜로부터 멀어진 채, 하나님으로부터 단절감을 느끼며 사는 영혼의 고통을 모를 것이기 때문입니다.

한번 생각해 보십시오. 만약 구원받은 이후, 영혼의 깊음 속에 떨어지거나 죄의식 때문에 괴로워하거나 하나님과의 관계가 끊어질지도 모른다는 두려움을 느끼며 살 필요가 없어진다면 우리의 삶은 어떠할까요? 더 순결하기는커녕, 오히려 신앙에 대한 안일한 태도만 팽배해질 것입니다.

마음에 두고 생각하기

하나님께서는 특별한 지혜 아래, 때때로 우리를 깊음 속에 두십니다. 참된 신자이십니까? 그렇다면 비록 지금 하나님을 떠나 영혼의 깊음 속에 떨어져 있다 할지라도, 이내 사유하시는 은혜를 바라며 하나님 앞에 간절히 나아오게 될 것입니다. 그리고 그 쓰라린 경험을 교훈삼아, 쉽게 죄의 유혹 앞에 쓰러지지 않는 보다 강한 하나님의 군사가 될 것입니다.

➤ APPLICATION

하나님의 용서만이 영혼의 깊음 가운데에서 우리를 건져낼 수 있습니다

영국의 한 노인의 이야기입니다. 그는 평생 예수님을 믿지 않은 채, 죄만 짓고 살아왔던 사람이었으나, 그런 그도 죽음이 얼마 남지 않자 죽은 후의 운명이 걱정되기 시작하였습니다. 그래서 손녀를 불러 성경을 읽어 달라고 부탁하였습니다. 그러나 성경을 읽으면 읽을수록, 그의 마음은 오히려 점점 더 어두워지고 죄책감만 깊어질 뿐이었습니다. 그러던 어느 날이었습니다. 손녀가 성경을 읽어 가다가 요한일서 1장 7절에 이르게 되었습니다. "그 아들 예수의 피가 우리를 모든 죄에서 깨끗하게 하실 것이요." 손녀의 말에 노인은 깜짝 놀라 물었습니다. "그런 말씀이 정말 거기 있니?" 손녀는 그렇다고 대답했습니다. "다시 읽어다오.", "한 번만 더 읽어다오." 노인은 손녀에게 계속 다시 읽어 줄 것을 요청했습니다.

그렇게 한참의 시간이 흐른 후, 노인이 말했습니다. "얘야, 내 손가락을 그 성경 구절에 짚어 주겠니?" 손녀는 노인의 말대로 했고, 그러자 노인은 "내가 이 말씀을 믿고 죽었다고 모든 사람에게 일러 다오." 라는 마지막 부탁을 남기고 세상을 떠났습니다.

여러분! 우리의 죄가 야기한 마음의 깊은 어두움과 무거운 죄책감은 하나님의 용서하심만이 해결할 수 있습니다. 그러면 어떻게 해야 우리가 그러한 하나님의 용서하시는 은혜 앞으로 나아갈 수 있을까요? 시편 51편에 나타나는 다윗의 고백을 통해, 우리는 그가 영혼의 깊음에서 벗어나

"나를 주 앞에서 쫓아내지 마시며 주의 성신을 내게서 거두지 마소서"(시 51:11)

기 위해 하나님께 제사를 드렸을 것이라는 사실을 짐작할 수 있습니다. 그러나 그 시도를 통해 그가 깨달은 것은 주는 제사를 즐겨 아니하시며, 번제를 기뻐하지 않으신다는 것이었습니다. "하나님의 구하시는 제사는 상한 심령이라"시 51:17上.

다윗은 영혼의 깊음에서 벗어나는 길은 율법이 제시하는 제사의 형식 안에 있는 것이 아니라, 신자의 자기 깨어짐 안에 있는 것임을 깨닫게 되었습니다. 그래서 그는 깨뜨려진 마음으로 간절히 하나님의 용서를 구했고, 그 결과 영혼의 깊음에서 벗어나 다시 하나님과의 사랑의 관계를 회복할 수 있었습니다.

마음에 두고 생각하기

하나님의 사랑이 느껴지지 않는 영혼의 깊음 속에 계십니까? 사람이나 세상이 여러분의 상태를 개선시켜 줄 수 있다고 기대하지 마십시오. 하나님 밖에서 나오는 모든 것은 구원의 능력이 없는 허무한 위로일 뿐입니다. 영혼을 깊은 어두움 속에서 건져내는 능력은 오직 하나님께만 있습니다. 오직 하나님만을 의지하는 여러분 되시기를 진심으로 바랍니다.

 APPLICATION

하나님의 사유하심을 경험하기 위해서는
첫째로 죄를 자각하여야 합니다

하나님의 용서를 향한 열망은 자신의 죄에 대한 자각의 정도와 비례합니다. 자신을 끔찍한 죄인으로 인식하지 않는 사람은 결코 하나님의 용서를 소망할 수 없는 것입니다. 오늘날 그리스도인들 안에서 하나님의 용서에 대한 경험을 찾아보기 어려운 것은 대부분의 그리스도인들의 죄의 자각이 관념적이고 일반적인 수준에 머물기 때문입니다. '인간은 다 죄인이다' 라는 식의 죄의 자각으로는 구원받을 수도, 새롭게 회복되어 하나님의 용서하시는 은혜로 나아갈 수도 없습니다.

하나님의 용서를 경험하기 위해 필요한 죄의 자각은 개별적이고 경험적인 자각입니다. 우리아의 아내 밧세바와 간음한 다윗을 보십시오. 그 역시 하나님의 사람이었으므로, 범죄 한 후 견딜 수 없는 후회와 괴로움을 즉시 경험하였을 것입니다. 그러나 그것이 그로 하여금 회개에 이르도록 하지는 못했습니다. 오히려 그는 자신의 죄를 은폐하기 위해 우리아를 죽이기까지 합니다. 그런데 그 후 선지자 나단이 찾아오자 상황이 달라졌습니다. 다윗은 나단 선지자가 자신의 죄를 지적하며 하나님의 심판을 말하자, 양심에 화살을 맞은 듯한 고통을 느끼고 비로소 가슴을 찢으며 회개하기 시작하였습니다. 그리고 밤마다 눈물로 침상을 띄우면서시 6:6, 헤아릴 수 없이 많은 날들을 하나님께로부터 버림받은 것 같은 처절한 괴로움 속에서 지냈습니다. 이것이 바로 개별적이고 경험적

"죄인 중에 내가 괴수니라"(딤전 1:15下)

인 죄의 자각입니다.

여러분은 이러한 깨뜨려짐을 경험해 보신 적이 있으십니까? 신앙생활 가운데 날마다 자기 깨어짐의 눈물을 흘리고 계십니까? 신자의 눈에 눈물이 마르는 것만큼 신자에게 죄가 쌓여갑니다. 일반적이고 관념적인 죄에 대한 자각은 단지 정보일 뿐입니다. 머리 속에 차갑게 드러누운 지식은 우리를 거룩하게 하지 못합니다. 일반적이고 관념적인 죄에 대한 자각은 죄 죽임의 실천으로 이어지지 않습니다. 죄를 죄로 자각하여도, 그것에 전혀 영향받지 않고 마음 내키는 대로 살아갈 수 있는 것입니다. 그러나 개별적이고 경험적인 죄에 대한 자각을 가진 신자는 결코 그렇게 살 수 없습니다. 하나님을 무시한 채, 자기 마음대로 살아가는 것이 그에게는 가슴이 찢어지는 것처럼 아픈 일이기 때문입니다.

마음에 두고 생각하기

죄에 대해 개별적이고 경험적인 자각을 가진 신자는 하나님 앞에 깊이 회개하며 자신을 이 깊음 속에서 건져주시도록 간절히 기도하지 않을 수 없습니다.

 APPLICATION

# DAY 19   CONSIDERATION & APPLICATION

하나님의 사유하심을 경험하기 위해서는 둘째로 죄를 정직하게 인정하여야 합니다

죄의 깊음을 자각한 신자가 회복으로 나아가려 할 때 나타나는 두 번째 영혼의 활동은 죄를 인정하는 것입니다. 이전에는 누군가 자신의 죄를 지적해도 도무지 그것을 받아들이려고 하지 않았지만, 용서를 바라며 하나님께 나아올 때가 되면 스스로 자신의 죄를 깊이 인정하고 솔직하게 고백하게 됩니다. 억압받지 않는 자유함 속에서 말입니다.

자신의 죄를 정직하게 인정하는 것은 쉽지 않습니다. 하지만 그보다 훨씬 더 어려운 것이 자신의 죄를 인식하였으면서도 토설치 않는 것입니다. 시편 기자는 자신의 죄를 토설치 않을 때의 고통을 이렇게 표현하였습니다. "내가 토설치 아니할 때에 종일 신음하므로 내 뼈가 쇠하였도다"시 32:3. 죄의 자각은 그 죄를 스스로 정직하게 인정하고 토설하는 데로 나아가게 합니다. 죄를 토설치 아니할 때는 하나님의 공의의 손이 자기를 누르는 것같이 고통스러우나, 통회하는 마음으로 자신의 죄를 모두 토설하고 나면 하나님께서 자신을 긍휼히 여겨 주시는 것을 경험하기 때문입니다. 하나님께서는 우리를 붙들어 강제로 죄를 토설하게 하시는 대신, 우리를 은혜로 부르셔서 우리가 자유롭게 우리의 죄를 고백하도록 하십니다.

그런데 죄에 대한 정직한 인정의 유익은 죄를 입으로 시인하는 것 자체가 아닙니다. 하나님 앞에 죄를 고백하는 과정을 통해, 신자는 자신이

"여호와여 우리가 우리의 악과 우리 조상의 죄악을 인정하나이다
우리가 주께 범죄하였나이다"(렘 14:20)

경험하고 있는 이 세상의 수많은 고통과 괴로움이 죄에 뿌리내리고 있음을 깨닫게 됩니다. 그리고 개별적 죄가 아닌 총체적이고도 근원적인 죄를 인정하게 되는 것입니다. 우리아의 아내 밧세바와 간음하고, 우리아를 죽이기까지 한 다윗은 나단 선지자로부터 호된 책망을 받기 전까지는 자기 속에 그렇게 많은 죄가 있는지 미처 알지 못했습니다. 간음과 살인죄를 계기로 그 죄의 뿌리를 더듬어가다 보니, 죄가 자신의 본성에 겹겹이 배어 있다는 사실도 깨달을 수 있었던 것입니다 시 51:5.

우리도 마찬가지입니다. 거듭난 신자라 할지라도 그의 깊은 내면에는 죄의 뿌리가 있습니다. 그래서 하나님의 은혜를 받고 주님의 사랑 안에서 사는 동안에는 죄를 이기며 살 수 있지만, 은혜가 사라지고 나면 이내 죄가 뿌리로부터 솟아올라 우리의 삶에 산출되기 시작합니다.

마음에 두고 생각하기

자신의 죄를 정직하게 인정하고 계십니까? 뼛속 깊이 자리한 죄악 된 본성은 우리의 힘으로는 결코 고칠 수 없는 것임을 인정하고 계십니까? 하나님의 용서밖에는 자신에게 소망이 없음을 인식하고 계십니까?

 APPLICATION

하나님의 사유하심을 경험하기 위해서는
셋째로 자기 정죄가 있어야 합니다

    죄의 깊음을 인식한 신자가 회복으로 나아가려 할 때 나타나는 세 번째 영혼의 활동은 자기 자신에 대한 정죄입니다. 자신의 죄를 자각하고 그 죄를 정직하게 인정하게 되면, 신자는 자기 자신을 향해 죄인이라는 선고를 내리게 됩니다. 이것이 자기 정죄인데, 자기 정죄는 자신을 미워하는 것과 자신을 심판하는 것 두 가지로 나누어집니다.

    첫째, 자기 자신을 미워하는 것으로, 이것은 '내가 왜 그랬을까?' 하는 후회에서 출발합니다. 자신이 저지른 범죄를 후회하면서, 그 범죄의 뿌리가 자신의 본성 깊은 곳에 자리잡고 있음을 깨닫고, 결국 자기 자신을 향한 강한 미움을 소유하게 되는 것입니다.

    자기 자신이 밉다는 것은 현재 자신의 존재가 자기가 원하는 존재와 다르다는 인식에서 옵니다. 하나님의 창조의 목적을 따라 하나님과 화목한 가운데 그분께 순종하면서, 사랑과 위로와 평강이 있는 교통 속에서 살고 싶은데 자신의 존재는 그것과 너무 동떨어져 있는 것입니다. 여기에서 대부분의 신자들이 자기 분리 현상을 경험합니다. 자기 분리 현상이란 자기가 되고 싶은 존재와 실존하는 자신의 존재 사이에서 극심한 괴리감을 느끼며 죄와 한 덩어리였던 삶에서 떠나려 하는 것인데, 이 경험을 통해 신자는 끌어안고 사랑하던 죄를 멀리하고 혐오하게 됩니다.

    그런데 이렇게 자기 자신을 사랑할 수 없게 된 신자는 커다란 슬픔에

> "내가 주께만 범죄하여 주의 목전에 악을 행하였사오니
> 주께서 말씀하실 때에 의로우시다 하고 판단하실 때에 순전하시다 하리이다"(시 51:4)

사로잡히기 쉽습니다. 자신의 진정한 참모습과 직면할 때, 일반적으로 신자에게는 경건한 슬픔이 찾아오기 때문입니다.

둘째, 자기 자신을 심판하는 것으로, 이것은 자신을 향한 하나님의 판단을 모두 인정하고 수용하는 것입니다. 이 자기를 향한 심판은 "내가 주께만 범죄하여 주의 목전에 악을 행하였사오니 주께서 말씀하실 때에 의로우시다 하고 판단하실 때에 순전하시다 하리이다"시 51:4 라는 성경구절에 잘 형상화되어 있는데, 이 고백이야 말로 자신이 죄인이라는 사실을 깊이 깨닫게 된 신자가 자기를 심판하며 토설하는 진심어린 고백이라고 할 수 있습니다.

마음에 두고 생각하기

우리가 살펴본 세 가지, 죄의 자각과 죄에 대한 정직한 인정과 자기 정죄는 죄로 말미암아 영적인 깊음 속에 빠졌던 사람들이 하나님의 용서로 나아올 때 일어나는 영혼의 움직임입니다. 이 움직임들을 통해서 깊음 가운데 있는 신자가 본격적인 용서의 길로 나아가게 되는 것입니다. 여러분의 내면에서 이러한 영혼의 움직임들이 일어나고 있습니까?

 APPLICATION

DAY 21

죄를 확신한 신자가 떨어지기 쉬운 악은 자포자기입니다

윈스턴 처칠Winston Churchill이 옥스퍼드 대학 졸업식에서 축사를 하게 되었습니다. 처칠은 졸업생들의 환영을 받으며 앞에 섰습니다. 모두 숨을 죽이고 근사한 축사를 기대했습니다. 드디어 처칠이 힘차게 첫 마디를 외쳤습니다. "포기하지 말라!" 처칠은 졸업생들을 둘러보았습니다. 그들은 다음 말을 기다리며 처칠에게 집중했습니다. 처칠은 다시 "절대로 포기하지 말라!" 하고 크게 외쳤습니다. 그리고 처칠은 더 이상 아무 말도 하지 않고 연단을 내려왔습니다. 그것이 졸업식 축사의 전부였습니다.

이 세상에는 실패하여 넘어지는 사람보다 스스로 항복해 버리는 사람이 훨씬 많습니다. 이것은 그리스도인의 죄와의 싸움에 있어서도 마찬가지입니다. 죄의 문제를 다룸에 있어, 자신이 먼저 자포자기하고 마는 것입니다. 신자가 이렇게 자포자기의 함정에 빠지는 것은 자신의 악함과 무가치함에 대한 생각에 압도당한 나머지, 대항할 생각조차 못하기 때문입니다.

일반적으로 신자의 자포자기는 두 가지 이유로 일어나는데, 먼저 절대로 구원받을 수 없을 것이라고 낙심하고 의기소침해지기 때문입니다. 상당히 많은 사람들이 이러한 자포자기의 악에 빠지는데, 이것은 하나님에 대한 불신앙입니다. 여기에 빠진 신자는 아무리 죄를 자각하고, 자기를 정죄하였다 할지라도 하나님 앞으로 나아가 사유하시는 은혜를 경험하지 못합니다.

> "우리는 뒤로 물러가 침륜에 빠질 자가 아니요
> 오직 영혼을 구원함에 이르는 믿음을 가진 자니라"(히 10:39)

 신자의 자포자기의 또 다른 이유는 싫증입니다. 죄를 깊이 자각한 죄인이 하나님 앞에 죄를 모두 고백하고 자기 자신을 정죄할 때, 성령의 불길이 즉각적으로 임하여 그 영혼을 하나님의 사랑과 은혜로 회복시켜 주신다면 아무 문제가 없습니다. 그런데 하나님의 사유하시는 은혜는 즉각적으로 경험되는 것이 아닙니다. 하나님께서 원하시는 것은 하나님과의 관계 전반에 걸친 총체적인 회복이기 때문입니다. 그래서 한번에 죄를 해결하지 않으시고, 신자가 죄 속에서 몸부림치며 그 죄를 더욱 혐오하게 되기를 기다리십니다. 그런데 죄인은 그때까지 기다리지 못하고, 영혼의 싫증을 느낍니다. 하나님의 구원이 지체되고 있다는 조급함 때문에 하나님 앞에 간절히 마음을 모으지 못하고 다시 강퍅해지는 것입니다.

 이 두 가지 이유가 죄를 인식하고 회복으로 나아가려는 신자를 자포자기에 빠지게 합니다. 그리고 이런 자포자기에 사로잡히면 사로잡힐수록, 점점 더 참된 용서와는 거리가 멀어집니다.

마음에 두고 생각하기

항복하지 마십시오. 포기하지 마십시오. 우리에게는 끝까지 인내하는 태도가 필요합니다.

> APPLICATION

/ 죄를 확신한 신자가 떨어지기 쉬운 악은
안주입니다

죄를 자각하고 인정한 후에 빠지기 쉬운 두 번째 악은 안주입니다. 죄의 자각과 인정으로 자기 안에 무엇인가 이루어졌다 여기고, 그 틀 위에 안주해 버리는 것입니다. 안주라는 악에 사로잡힌 사람들은 모든 것이 잘 되어가고 있다고 생각합니다. 죄를 자각하고 겸비하게 낮아지는 것이 자기에게 필요한 전부라고 생각하는 것입니다. 그러나 그들의 생각과 달리, 그것만으로는 실제적으로 평강을 누릴 수 없습니다. 그들은 죄를 자각하고 인정한 것을 회심으로 여기고 죄로 인해 괴로워한 것으로 죄가 용서받았다고 생각하지만, 이것은 그들 자신의 판단일 뿐, 하나님의 생각과 계획은 다르시기 때문입니다.

죄를 자각하고, 깊이 인정했으며, 자기를 정죄하였음에도 불구하고 인간이 이렇게 자신의 상태에 안주해 버리고 마는 것은 인간이 가진 탁월한 적응력 때문입니다. 처음에는 매우 불편하고 고통스럽게 느끼다가도, 시간이 지나면 자신의 상태에 탁월하게 적응합니다. 그것이 영혼의 깊음이라 할지라도 말입니다. 사실, 인간의 적응력이라고 하는 것은 정말로 놀랍기 그지없습니다. 언젠가 오디오 리모컨을 잃어버렸던 적이 있습니다. 끄고 켤 때마다, 볼륨을 높이고 낮출 때마다 책상에서 일어나 오디오 앞까지 직접 가야만 했습니다. 하지만 불편한 것도 잠시, 일주일 쯤 지나자 너무나 자연스럽게 몸이 움직였습니다. 그래서 나중에는 리모컨을 찾

"너희 모든 성도들아 여호와를 사랑하라
여호와께서 성실한 자를 보호하시고 교만히 행하는 자에게 엄중히 갚으시느니라"(시 31:23)

아 놓고서도 한참 동안 리모컨을 사용하는 것을 잊고, 오디오를 켜야 할 때마다 직접 오디오 앞으로 가 버튼을 눌렀습니다.

이러한 적응력은 영적 세계에서도 그대로 나타납니다. 망가진 영적 상태, 하나님과의 관계의 파괴로 인한 고통에 처음에는 매우 괴로워하지만, 곧 그 상태에 적응해 버리고 마는 것입니다. 일단 이렇게 적응이 이루어지면, 관심 자체가 다른 곳으로 돌아가 버리고 말기 때문에, 하나님이 아닌 무엇인가 다른 것으로부터의 위로를 갈망하게 됩니다. 그래서 거듭난 신자들도 때로는 세상을 기웃거립니다. 세상의 쾌락을 맛보면서 세상 사람들 속에 묻혀서 살아가는 것으로, 영혼이 느끼는 고통을 위로받고자 시도하는 것입니다. 그러나 그들이 정말로 하나님의 나라를 약속받은 백성이라면, 계속 이러한 삶을 살아갈 수 없습니다. 영원히 그렇게 살 수 있다면, 하나님의 나라에 들어갈 수 있는 하나님의 백성이 아닌 것입니다.

마음에 두고 생각하기

죄를 확신하였음에도 불구하고 안주라는 악에 빠져, 하나님의 용서를 경험하지 못하고 있지는 않습니까?

 APPLICATION

죄를 확신한 신자가 피해야 할 첫 번째 위험은 자기 의의 추구입니다

자기가 죄인이라는 사실을 뼈저리게 깨달은 신자의 유일한 희망은 예수 그리스도입니다. 예수님의 공로를 의지하여 하나님 앞에 나아가는 것만이 구원의 길인 것입니다. 그런데 어떤 사람들은 자기가 죄인이라는 사실을 인식하였음에도 불구하고, 하나님 앞에 간절히 나아가지 않고 대신 스스로 자신을 구원하고자 합니다. 하나님을 감동시킬 만한 선을 행하면서 살면, 하나님께서 불쌍히 여겨 주실 것이고, 깊음 속에서 건져 주실 것이라고 생각하는 것입니다.

그러나 이것은 자기 의를 추구하는 것으로, 평강과 기쁨의 샘을 복음이 아닌 자신 안에 두는 태도입니다. 그러므로 시간이 지날수록 자신이 행한 선행과 섬김의 일들 때문에 구원으로 가까워지는 것이 아니라, 참다운 복음적 회개와 영적 생명으로부터 점점 멀어지고 맙니다. 보여지는 삶은 헌신적이지만, 실제로 그의 마음은 점점 강퍅해져서 참다운 영혼의 자유와 기쁨이 무엇인지 모르는 비극적인 상황으로 치달을 뿐인 것입니다.

신자가 이런 상황에 놓이는 것은 그리스도를 붙들지 않았기 때문이며, 그리스도를 붙들지 않은 것은 그들의 죄의 감지가 본성적인 것에 그치고 말았기 때문입니다. 죄를 본성적으로 감지하게 될 때, 영혼에는 슬픔, 불안, 고통, 염려, 초조함 등이 생기는데, 이것은 가룟 유다도 경험했던 일입니다. 그런데 불행히도 가룟 유다는 그것을 느끼며 괴로워만 했을 뿐, 그

"하나님의 의를 모르고 자기 의를 세우려고 힘써 하나님의 의를 복종치 아니하였느니라"(롬 10:3)

리스도를 붙들지 않았습니다. 죄를 자각하고, 진지한 고통을 느끼며 괴로워하였지만, 결국 멸망으로 나아가고 말았던 것입니다.

그러나 본성적 감지와 달리, 죄에 대한 복음적 감지는 죄를 지었지만 자신의 힘으로 도저히 이 문제를 해결할 수 없다는 인식과 함께 일어납니다. 죄의 감지와 동시에, 자신에게는 누군가 도울 이가 필요한데, 그분은 바로 자기를 위해 죽으신 예수 그리스도시라는 사실에도 눈을 뜨는 것입니다. 따라서 죄를 복음적으로 감지한 신자는 오직 예수 그리스도만을 생사를 걸고 붙듭니다.

마음에 두고 생각하기

죄를 확신하였다고 해서, 모두가 하나님의 용서로 나아오는 것은 아닙니다. 죄를 확신한 신자들 앞에, 생각보다 많은 함정과 위험이 도사리고 있기 때문입니다. 죄의 확신이 그릇된 결과를 가져오는 것을 막기 위해, 우리가 피하여야 할 첫 번째 위험은 자기 의의 추구입니다. 자기 의를 버리고, 오직 예수 그리스도만을 붙드십시오. 그것이 하나님의 용서를 통해 참된 화목으로 나아가는 비결입니다.

 APPLICATION

죄를 확신한 신자가 피해야 할 두 번째 위험은 열렬함이 없는 기도입니다

어린 아들이 아빠 무릎 위에 앉아 물었습니다. "아빠, 하나님은 죽었어요?" 아빠는 놀라서 "아니! 절대 그렇지 않단다. 그런데 왜 그런 걸 묻니?" 하고 되물었습니다. 그러자 그 어린 아들의 말이 "저 말이에요. 요즈음 아빠가 하나님과 얘기하시는 걸 한번도 들을 수가 없었거든요" 라는 것이었습니다. 아버지는 부끄러움을 이기지 못해 고개를 떨구었습니다. 혹시라도 기도를 그만두고 있지는 않습니까? 하나님께서는 결코 죽지 않으셨지만, 많은 사람들에게 있어 마치 죽은 것같이 대접받으십니다. 그들이 도무지 기도하려 하지 않기 때문입니다.

죄를 확신한 영혼이 피해야 할 두 번째 위험은 기도하지 않는 것입니다. 기도를 한다 해도, 열렬함 없이 그저 형식적으로 시간만 때우는 기도를 한다면 아무 의미가 없습니다.

우리는 시편 130편을 통해 영혼의 깊음 가운데 놓인 신자가 어떻게 하나님의 용서를 경험하는지 보게 됩니다. 그런데 이 시편 130편의 서두에 나오는 모습이 바로 기도하는 모습입니다. 시인은 말합니다. "여호와여 내가 깊은 데서 주께 부르짖었나이다" 시 130:1. 자신의 죄를 깨달은 시인이 한 일은 무릎을 꿇고 기도하는 것이었습니다. 그가 무엇을 부르짖었을지 짐작하는 것은 어렵지 않습니다. 그는 분명 자신의 죄를 하나님 앞에 모두 토설하고, 열렬함과 간절함으로 자신을 용서해 주실 것을 간구하였을

"또 기도할 때에 이방인과 같이 중언부언하지 말라"(마 6:7上)

것입니다.

하나님의 용서를 경험하지 않은 신자는 살아있다 해도 살아있는 것이 아닙니다. 그러므로 하나님께 자신의 생명을 담보하고서라도 사죄의 은혜를 구해야 합니다. 우리의 죄를 용서해 주셔서 다시금 하나님과의 화목한 관계로 돌아가게 해 달라고 주님께 매달려야 합니다. 우리가 창조의 목적으로 돌아가, 하나님께서 우리를 기뻐하시고 우리가 하나님을 기뻐하는 복된 관계가 회복될 때까지, 우리는 결코 뒤로 물러날 수 없습니다. 주님 없이 사는 것이 주님 안에서 죽는 것보다 훨씬 괴롭기 때문입니다.

마음에 두고 생각하기

사랑하는 여러분! 하나님 앞에 나아가 하나님의 용서를 구하십시오. 용서받지 못한 채 제왕처럼 평생을 사는 것보다 단 하루를 살더라도 용서받고 빛 가운데서 주님의 노예로 살겠노라 고백하십시오. 그러한 마음과 태도로 하나님께 부르짖을 때, 하나님께서는 우리에게 용서로 나아가는 길을 보여 주실 것입니다.

 APPLICATION

CONSIDERATION & APPLICATION

용서의 발견과 화목의 삶

➤ 용서의 은혜로 나아갈 때 ◄

용서의 발견에는
객관적 발견과 주관적 발견이 있습니다

하나님께서 우리를 용서해 주시는 분이라는 것을 알았다고 할지라도, 그것을 경험적으로 발견하지 않고는 그 어떤 위로나 평강도 얻을 수 없습니다. 그러면 어떻게 해야 용서를 발견하고, 경험할 수 있을까요?

용서의 발견은 두 가지 면에서 생각해 볼 수 있는데, 먼저 진리면에서의 일반적이고 객관적인 용서의 발견입니다. 용서라는 단어를 빈번하게 접하고, 사용하기 때문에 우리는 용서에 대해 잘 알고 있다고 착각하기도 합니다. 그런데 이런 것은 모두 지식적으로 알고 있는 것일 뿐, 직접 경험한 것이 아닙니다. 하나님의 용서에 대한 일반적인 지식은 하나님의 성품과 자신의 형편을 객관적으로 이해하는 데에는 도움이 될지 모르지만, 깊음 속에 떨어져 하나님께 버림받은 것 같은 고통을 느끼며 괴로워하는 영혼에게 참다운 자유와 평강을 가져다 줄 수는 없습니다. 그러므로 범죄하여 깊음 가운데 떨어진 영혼이 성경이 말하는 참다운 용서를 발견하고 그 능력을 경험하는 대신, 일반적이고 관념적인 용서의 지식을 소유한 것만 가지고 자신이 그것을 경험했다고 생각하며 덮어 버리려 하는 것은 어리석은 행동입니다.

하나님과의 평강으로 나아가기 위해 필요한 용서의 발견은 능력면에서의 개별적이고 체험적인 용서의 발견입니다. 이 주관적인 용서에는 하나님을 인격적으로 만남으로 말미암는 강력한 능력이 나타납니다. 많은

"너희는 여호와의 선하심을 맛보아 알지어다 그에게 피하는 자는 복이 있도다"(시 34:8)

사람들이 자신은 용서를 경험했다고 생각하며 살아가는데, 사실 그것이 착각인 경우가 많습니다. 진정으로 죄를 용서받고 복음적인 사유하심을 경험한 사람에게는 하나님과의 화목이라는 분명한 특징이 있습니다. 그러므로 본인이 아무리 용서를 경험했다고 생각할지라도, 하나님과의 실제적인 화목이 없다면 그 사람은 하나님의 사유하시는 은혜를 경험한 신자가 아닙니다. 예수 그리스도의 속죄를 믿고, 용서가 무엇인지 아는데도 여전히 마른 뼈와 같은 삶이 되풀이되고 있다면, 가장 시급하게 필요한 것은 용서를 경험하는 일입니다.

마음에 두고 생각하기

착실히 교회에 나온다는 사실만으로 자신이 용서받은 죄인이라고 생각해서는 안 됩니다. 주님을 너무나 사랑하기 때문에 그 사랑에 매여서 살고, 자기같이 더러운 인간이 거룩하신 주님을 사랑할 수 있다는 사실 때문에 한없이 감격하는 성도이십니까? 이 질문에 그렇다고 대답할 수 없다면 스스로 아무리 용서를 경험했다 할지라도, 실상은 죄악 가운데 있는 가엾은 영혼입니다. 하나님의 용서를 경험한 사람들은 그렇게 무감각하고 냉랭한 삶을 살 수 없기 때문입니다.

➤ APPLICATION

용서의 경험적 발견이 어려운 첫 번째 원인은 신자의 양심의 반항입니다

많은 그리스도인들이 하나님의 용서를 경험적으로 발견하는 일에 실패한 채, 무기력하고 무감각하게 신앙생활을 해 나갑니다. 이것은 그들이 용서의 경험적 발견을 방해하는 몇 가지 원인에 무릎 꿇었기 때문입니다. 용서의 경험적 발견을 방해하는 첫 번째 원인은 양심의 반항입니다. 죄를 지으려고 할 때 양심의 주된 작용은 죄로 향하는 우리의 걸음을 멈추게 하는 것입니다. 그러나 죄를 지은 후의 양심의 주된 작용은 스스로를 정죄하여 하나님 앞으로 나아가지 못하게 하는 경우가 많습니다. 양심은 우리의 죄를 드러내며, 하나님의 진노와 형벌을 상기시키기 때문입니다. 성경은 이것을 양심이 송사한다고 말하는데, 죄인의 양심은 하나님께 용서가 있다고 가르쳐 주는 것이 아니라 지은 죄에 대하여 계속해서 고소할 뿐입니다. 피고의 변호인이 나와서 이 사람이 그런 일을 한 것은 사실이지만 어쩔 수 없었던 사정이 있었노라고 변호하면, 검사가 나와서 그 변호를 반박하는데 바로 양심이 그 검사의 역할을 하는 것입니다. 양심은 이렇게 스스로가 그런 죄를 범한 것은 한두 번 있는 일이 아니므로, 선처의 여지가 없다고 자신을 고소합니다. 그리고 그런 양심의 송사를 계속하여 받으면, 영혼은 하나님의 용서가 예비되어 있다는 사실을 믿지 못한 채, 비참한 결과로 나아갈 수도 있습니다.

가룟 유다가 그런 경우의 대표적인 예입니다. 행위 자체만 보자면, 목

> "이런 이들은 그 양심이 증거가 되어 그 생각들이 서로 혹은 송사하며 혹은 변명하여
> 그 마음에 새긴 율법의 행위를 나타내느니라"(롬 2:15)

숨을 유지하기 위해 예수님을 세 번이나 부인하고 저주한 베드로도 유다 만큼이나 커다란 죄인입니다. 그런데 한 사람은 죽어서 지옥에 갔고, 다른 한 사람은 하나님의 사유하심을 경험하고 예루살렘 교회의 첫 번째 사역자가 되었습니다. 무엇 때문이었습니까? 여러 가지 이유가 있을 수 있으나 가장 큰 차이는 용서로 나아갔는가 그러지 못하였는가 하는 것입니다.

양심은 우리가 단지 하나님이 주시는 자유를 이야기하고, 성경에 약속된 구원을 말할 때는 별로 신경 쓰지 않습니다. 그런데 그것이 실제로 영적으로 경험되려고 할 때 강력하게 반항합니다. 우리가 자신의 죄를 깊이 확신하고, 토설하고, 심판한 후에 하나님의 용서밖에 다른 길이 없음을 깊이 깨닫고 참된 용서를 경험하고자 나아가려고 할 때 우리의 걸음을 막기 위해 양심이 우리를 향해 강력하게 송사하는 것입니다.

마음에 두고 생각하기

양심의 송사를 경험하고 계십니까? 양심의 송사에 걸려 넘어져, 자신이 결코 용서받을 수 없을 것이라는 절망에 사로잡히는 것은 하나님의 선하심을 온전히 신뢰하지 못하는 '악' 입니다.

➤ APPLICATION

용서의 경험적 발견이 어려운 두 번째 원인은 율법의 항거입니다

용서의 경험적 발견이 어려운 두 번째 원인은 율법의 항거 때문입니다. 용서의 경험적 발견으로 나아갈 때, 신자는 율법의 강력한 항거에 부딪히게 됩니다. 율법은 어떤 용서도 약속하지 않았기 때문입니다. 율법과 함께 주어진 제사를 통한 일시적인 용서가 약속되긴 했지만, 그것은 정말 일시적일 뿐이었습니다.

율법의 기능은 용서가 아니라, 죄와 그에 따른 형벌을 분명하게 보여 주는 것입니다. 그런데 영혼의 깊음 속에 있는 신자는 복음의 친구가 되기보다는 율법의 친구가 됩니다. 사실 이것은 정말 이상한 일이 아닐 수 없습니다. 율법은 자신이 행한 일이 죄라는 사실을 알려주고, 그 죄에 대해 하나님께서 죽음을 선고하신다는 무서운 심판을 알려 줍니다. 그러므로 율법을 붙든 죄인에게는 희망이 없습니다. 그런데도 죄인은 용서를 약속하는 복음을 붙들기보다 형벌을 선고하는 율법에 귀를 기울이는 것입니다.

이것은 다음과 같은 이유 때문입니다. 하나님 앞에서 살며 은혜를 누릴 때에 우리는 율법의 친구가 아닌 복음의 친구입니다. 예수님께서 나를 위해 십자가에 못 박혀 죽으신 사건만 생각해도 눈물이 흐르고, 마음에는 은혜가 넘치는 것입니다. 이러한 신자에게는 십자가 앞에 더럽고 아무 쓸모없는 죄인인 자신을 사랑해 주시는 하나님으로 인해 구원의 은혜에 대

"그리스도께서 우리를 위하여 저주를 받은 바 되사 율법의 저주에서 우리를 속량하셨으니 기록된 바 나무에 달린 자마다 저주 아래 있는 자라 하였음이라"(갈 3:13)

한 감사와 감격이 있습니다.

그런데 죄로 말미암아 영혼의 깊음 가운데 떨어졌을 때는 어떠합니까? 십자가의 사랑이 생각나서 눈물이 나고, 하나님께서 당신의 외아들을 저 높고 높은 별을 넘어 이 낮고 천한 세상에 보내 주신 것 때문에 가슴 아파하며 감격하게 됩니까? 그렇지 못합니다. 그들의 눈에는 눈물이 마르고, 마음에도 냉랭함만이 남습니다. 그렇게 진실함과 뜨거움이 사라져 결국 복음에는 낯설고, 율법에만 가까운 사람이 되고 마는 것입니다.

마음에 두고 생각하기

안타깝게도 너무나 많은 신자들이 양심의 반항과 율법의 항거 앞에 무릎 꿇어 버리고 맙니다. 그래서 그들은 하나님의 용서를 경험하지 못한 채, 생기 없는 교회생활을 계속할 수밖에 없습니다. 그러나 거기에는 이전에 하나님과 누리던 화목도, 놀라운 사랑도 없습니다. 그래서 결국 이 대적들에게 발목 잡힌 사람들의 삶은 마른 뼈와 같은 상태로 영혼의 깊음 속을 헤매는 고통의 나날들일 수밖에 없습니다.

➤ APPLICATION

용서의 경험적 발견이 어려운 세 번째 원인은 하나님의 의에 대한 인식입니다

앞서 다룬 두 대적이 힘을 합하여 또 하나의 대적을 만들어냄으로써 용서의 경험적 발견을 방해합니다. 새롭게 등장한 이 대적은 하나님의 의에 대한 인식으로, 이것은 용서를 경험하기 위해 애쓰는 신자를 주저앉히는 작용을 합니다.

그러면 여러분은 강한 의문을 느낄 것입니다. 바로 하나님의 의로움에 대한 인식이 어떻게 그러한 부정적인 결과를 가져올 수 있느냐 하는 것입니다. 하나님의 공의는 모든 사람들에게 정당한 몫을 돌리는 것으로, 이것은 의인을 상주고 악인을 처벌함으로써 드러납니다. 그런데 문제는 이 하나님의 의에 대한 인식이 신자에게 올바르게 영향을 주기 위해서는 하나님의 선, 즉 인자하심의 지식과 함께 작용해야 한다는 데에 있습니다. 즉, 하나님의 선에 대한 지식은 전혀 발전하지 않는 가운데 생득적 지식인 하나님의 의에 대한 인식만이 신자 안에 팽배해지면, 오히려 하나님의 의에 대한 인식 때문에 신자가 절망 속에 빠지기도 하는 것입니다.

우리의 마음이 은혜 아래에서 하나님을 온전히 향하여 있을 때에는 하나님의 사랑과 용서를 많이 믿게 됩니다. 그런데 범죄하여 죄의 깊음 속에 있게 되면 예수님의 보혈의 능력보다는 하나님은 의로우신 분이며 죄에 대해 매우 엄중하시다는 사실이 더 믿어집니다. 하나님의 선하심과 자비하심에 대한 지식은 예수 그리스도를 믿고 나서 깨닫게 된 지식이지만,

"여호와께서는 그 모든 행위에 의로우시며 그 모든 행사에 은혜로우시도다"(시 145:17)

죄지은 자를 벌하시는 하나님의 공의에 대한 지식은 선천적인 지식이기 때문입니다.

아마도 여러분은 하나님과의 사랑 가운데 살 때에는 하나님의 용서가 믿어지지만, 그러한 경험이 사라지고 나면 쉽게 정죄감에 사로잡히는 것을 경험하였을 것입니다. 하나님의 선하심과 자비하심에 대한 인식이 사라진 신자는, 생득적으로 가지고 있는 하나님의 의로우심에 대한 인식이 밀려올 때 거기에 저항할 수 있는 힘이 없습니다. 그래서 양심과 율법의 공격에 쉽게 무릎 꿇게 되고, 그 결과 하나님의 용서를 경험적으로 발견하는 일에서 멀어지고 마는 것입니다.

마음에 두고 생각하기

우리는 이러한 양심의 반항과 율법의 항거, 그리고 이 두 대적이 가져오는 하나님의 의로우심에 대한 인식 앞에 주저앉지 말고 앞으로 나아가 참된 복음적 용서의 항구에 닻을 내리고 거기에 정착해야 합니다. 그렇지 않고 죄를 인식하고 토설하는 데 주저앉아서 자신이 하나님의 용서를 경험한 것으로 착각한다면, 그것은 항구에 도달하지도 않고 닻을 내린 것과 마찬가지입니다. 그 사람은 결코 용서라는 든든한 땅을 밟아 볼 수 없을 것입니다.

➤ APPLICATION

하나님의 용서에 대한 인간의 그릇된 견해는 무신론적 견해와 유신론적 견해로 나눌 수 있습니다

사람들이 보편적으로 가지고 있는 용서에 대한 그릇된 견해를 살펴보면 복음적 용서의 본질에 보다 가까이 다가갈 수 있습니다. 인간이 가지고 있는 용서에 대한 그릇된 견해는 크게 무신론적 견해와 유신론적 견해로 나눌 수 있습니다.

첫째로, 무신론적인 견해입니다. 이 견해를 가진 사람들에게는 하나님이 없기 때문에 용서를 구할 대상도 없습니다. 이 견해는 다시 두 가지로 나뉘는데, 하나는 이론적 무신론이고, 다른 하나는 실천적 무신론입니다. 이론적 무신론은 신은 존재하지 않기 때문에 용서도 있을 수 없다고 생각하는 것입니다. 그래서 이론적 무신론자들은 죄의식을 다룰 때도 정신적인 측면에서 접근합니다. 한편 실천적 무신론자들은 신이 존재하기는 하지만 살아서 역사하지는 않는다고 생각합니다. 그들의 사고에 의하면 하나님이 계시기는 하지만, 그 하나님은 창조 세계에 대해서 강력한 의지를 가지고 있지 않고 그저 관망할 뿐이며, 사람들끼리 독립적으로 살아간다는 것입니다. 이러한 견해를 가지고 살아가는 사람들에게서는 용서의 개념을 발견할 수가 없습니다.

둘째로, 유신론적인 견해입니다. 이 견해를 가진 사람들은 대부분 그리스도인들로서, 그들은 피상적 교리의 가정假定 아래에서 용서를 생각합니다. 이들은 하나님께서 인간을 사랑하셔서 예수님을 보내셨고, 그가 십

"예수께서 가라사대 너희가 성경도, 하나님의 능력도 알지 못하므로 오해함이 아니냐"(막 12:24)

자가에 못 박혀 죽으심으로 우리의 죄를 용서해 주셨다는 사실을 머리로만 믿고 생각합니다. 따라서 이들에게 용서는 복음의 내용이 지식적으로만 전달되어 수립된 한 견해에 불과합니다. 종교적 의식意識일 뿐인 것입니다. 이러한 견해만을 가지고는 하나님의 용서를 경험하고 창조의 목적으로 돌아가 하나님께 영광 돌리는 삶을 살아갈 수 없습니다. 이들은 범죄한 후에 예수님께서 우리의 죄를 위해 십자가에 못 박혀 죽으셨기 때문에 모든 죄는 용서받았고, 자기에게는 정죄함이 없다고 되뇌입니다. 그러나 그러한 행동은 깊음 가운데서 고통하는 자신의 영혼을 달래기 위한 것일 뿐입니다. 그것이 그 사람을 실제로 영혼의 깊음에서 끌어올려서 다시금 하나님과 화목을 누리며 살게 하지는 못하는 것입니다.

마음에 두고 생각하기

'하나님의 용서'라는 개념을 여러분은 어떻게 이해하고 계십니까? 하나님의 용서의 참된 경험으로부터 멀어지게 된 것은 우리가 복음적 용서의 깊은 세계에 무지하기 때문입니다. 올바로 알지 못하기에 온전히 기대하지 못하고, 온전히 기대하지 못하기에 하나님께서 약속해 주셨음에도 누리지 못하고 있는 것입니다.

 APPLICATION

DAY 30　CONSIDERATION & APPLICATION

하나님의 용서에 대한 피상적 이해와
용서에 대한 복음적 믿음의 첫 번째 차이는
전자는 개념일 뿐이지만
후자는 능력을 동반한다는 것입니다

　어느 신학교에서 있었던 일입니다. 학기를 마치고 성적표가 나왔는데, 뜻밖에도 희랍어 과목에서 최고점을 받은 학생이 시각장애인이었습니다. 모든 사람들이 깜짝 놀라 그에게 비결을 물었습니다. 그러자 그 학생은 빌립보서 4장 13절로 대답했습니다. "내게 능력 주시는 자 안에서 내가 모든 것을 할 수 있느니라." 하나님은 우리의 능력이십니다. 따라서 하나님에 대한 올바른 지식과 믿음은 반드시 능력을 동반합니다. 그리고 이것은 하나님의 용서의 문제에 있어서도 마찬가지입니다.

　용서에 대한 교리적 가정은 관념적인 것에 지나지 않지만, 진정한 복음적인 용서에 대한 믿음은 곧 용서의 능력을 경험하는 것입니다. 개념적으로만 하나님의 용서를 이해하는 사람들은 그러한 생각 때문에 어느 순간에는 자유로운 것 같다가도 실제로 죄가 자신 안에 역사하는 때에는 죄의식에 휩싸여 혼란에 빠지게 되고 결국에는 아무것도 믿을 수 없는 상황에 떨어지게 됩니다. 자신을 옭아 매는 죄로부터 벗어나려고 결심하면 무엇인가 되는 것 같은데, 어느 한순간 죄가 확 밀려오면 다시 원점으로 돌아온 것 같은 낙심과 희망을 계속 반복하게 되는 것입니다.

　하나님 앞에 용서를 구하며 기도해도 이상하게 용서해 주신다는 확신이 밀려오지 않습니다. 이 때 교리적인 가정 아래 관념적으로만 용서를 이해하고 있는 사람은 용서를 구하는 기도가 쓸데없는 것이라고 생각합

"내게 능력 주시는 자 안에서 내가 모든 것을 할 수 있느니라"(빌 4:13)

니다. 이미 예수님께서 모든 죄를 용서해 주셨기 때문에 용서를 구하며 기도하는 것은 믿음 없는 행동이라고 생각하는 것입니다. 그리고 계속해서 일반적이고 관념적인 교리를 믿으면서 살아가려 합니다. 그러다가 그 영혼이 하나님과 나누던 첫사랑의 기억에 향수를 느껴 돌아가려고 할 때에는 아무리 몸부림쳐도 죄의 사슬로부터 벗어나기가 힘듭니다. 힘을 다하는 교회 봉사로도, 많은 헌금으로도, 높은 직분으로도 그 사슬은 끊어지지 않습니다. 그것들은 모두 인간적인 방편에 지나지 않기 때문입니다.

그러나 복음적 용서 안에는 그 사슬을 끊을 만한 충분한 능력이 있습니다. 용서 안에 깃들어 있는 능력만이 죄의 사슬을 끊고 우리를 자유하게 할 수 있는 것입니다. 이것이 용서에 대한 관념적인 지식과 복음적인 용서의 경험의 차이입니다.

마음에 두고 생각하기

용서는 개념이 아니라 능력입니다. 죄로부터의 자유를 선사하고, 예수 그리스도와의 연합을 회복시키는 용서의 능력을 경험하고 계십니까?

➢ APPLICATION

하나님의 용서에 대한 피상적 이해와
용서에 대한 복음적 믿음의 두 번째 차이는
전자는 설득된 견해일 뿐이지만
후자는 피 어린 확신이라는 것입니다

간디 Gandhi가 영국의 압제와 폭력에 저항하는 평화 행진을 조직하고 선두에 섰을 때 영국의 한 라디오 방송 기자가 따라오며 물었습니다. "당신의 노력은 사실상 성공할 희망이 1%도 안 되는데, 어째서 이런 고생스럽고 긴 행진을 합니까?" 간디는 미소를 띠며 대답했습니다. "반드시 성공할 날이 올 겁니다. 진리가 우리편인데 진리가 졌다는 역사를 보았습니까?" 행동으로 나아가게 하는 것은 설득된 견해가 아니라 피 어린 확신입니다. 따라서 우리는 이러한 결론을 내릴 수 있습니다. 바로, 우리가 하나님의 용서로 나아가지 못하는 것은 하나님의 용서에 대한 우리의 인식이 피 어린 확신이 아니기 때문이라는 것입니다.

대부분의 그리스도인들에게 용서에 대한 인식은 자기 안에 강력하게 다가와 믿게 된 확신이 아닙니다. 어디선가 하나님께서 용서하셨다는 이야기가 들렸고, 그 이야기에 지성이 동의하면서 수립된 견해일 뿐인 것입니다. 이러한 견해는 확신이 아니기 때문에 더 설득력이 있는 견해가 나오면 언제든 뒤집힐 수 있습니다.

여러분은 죄를 회개하고 하나님의 용서를 경험해 본 적이 있을 것입니다. 그때 제일 먼저 쏟아져 나오는 것이 열렬한 기도입니다. 자신을 얽매고 있던 죄의 줄이 하나님의 용서를 통해 끊어지자 영혼에는 자유함이

"그러나 너는 배우고 확신한 일에 거하라"(딤후 3:14上)

생기고 기도가 터져 나오는 것입니다. 그러나 하나님께서 자기를 용서하셨을 것이라는 관념적인 견해에는 그런 능력이 없습니다. 하나님의 용서에 대한 확신은 그 능력을 경험한 피 어린 체험에서 우러나오는 것입니다. 설득된 견해는 언제든 설득을 통해 뒤집힐 수 있지만, 피어린 확신은 뒤집히지 않습니다.

그러면 이러한 피 어린 확신은 어떻게 확립될까요? 복음적인 용서의 경험만이 피 어린 확신을 가져다 줍니다. 이렇게 수립된 확신은 쉽게 뒤집을 수 없을뿐더러, 이런 확신을 통해서만 용서의 능력이 삶 속에 나타납니다. 뿐만 아니라 이런 과정을 통해서 총체적인 죄 죽임을 경험하게 되고, 자신의 전 존재를 죄의 능력으로부터 구해내시는 하나님의 놀라운 은혜를 경험하게 됩니다.

마음에 두고 생각하기

하나님의 용서에 대한 여러분의 견해는 관념적 설득의 산물입니까? 영적 경험의 산물입니까? 설득된 견해만으로는 하나님의 용서를 누리며 살 수 없음을 명심하십시오.

 APPLICATION

하나님의 용서에 대한 피상적 이해와
용서에 대한 복음적 믿음의 세 번째 차이는
전자는 죄에 대한 친화감이 남아 있지만
후자는 죄에 대한 혐오감을 소유하게 된다는 것입니다

관념적으로 용서에 대하여 생각하기만 할 뿐 복음적 용서를 경험해 보지 못한 사람은 여전히 자기 안에 죄에 대한 친화감이 살아있습니다. 자기가 죄인이라는 것과 예수님께서 자기 죄를 위해 죽으셨다는 사실을 고백하였고, 지금 자신은 하나님의 용서가 필요한 존재임에도 불구하고 이상하게 그 죄가 밉지 않은 것입니다. 한편으로는 예수님께서 자기의 죄를 위해 죽으셨고, 그분의 보혈을 힘입어 구원받았다고 고백하면서, 다른 한편으로는 마음으로 죄를 짓습니다. 죄 때문에 하나님 앞에 용서해 달라고 비는데 그 죄가 아직 좋은 것입니다. 이처럼 용서에 대한 개념적인 이해로는 죄에 대한 인간의 경향성을 바꿀 수 없습니다. 그런데 문제는 여기에 그치지 않습니다. 용서에 대한 인식에 개념적인 지식에만 머물 경우, 이것이 오히려 죄를 지을 토양이 되어 주기도 합니다. 은혜를 색욕거리로 바꾸어유 1:4 죄에 대한 친화력을 증진하는가 하면, 도리어 쉽게 용서받을 수 있을 거라는 생각을 심어주어 죄와 어리석음을 격려하기도 하는 것입니다.

그러나 복음적인 용서를 경험하게 되면 죄에 대한 경향성 자체가 바뀌게 됩니다. 우리가 하나님께 나아가는 과정을 통해 하나님께서는 우리의 본성 자체를 완전히 새롭게 만드십니다. 그러나 이것은 어느 순간 부어 주시는 은혜로 이루어지는 것이 아니라, 용서하시는 은혜를 구하며 하나

"그런즉 우리가 무슨 말 하리요 은혜를 더하게 하려고 죄에 거하겠느뇨"(롬 6:1)

님만을 온전히 의지하며 나아가는 몸부림의 과정을 통해 이루어지는 것입니다. 그 몸부림을 통해서 하나님께서는 망가졌던 내면의 질서와 영혼의 틀을 고치십니다. 이런 것들이 충분히 고쳐진 어느 순간에 비로소 모든 죄가 하나님 앞에 용서받았다는 확신을 갖게 됩니다. 그리고 이 확신은 결코 관념적으로만 용서받았다고 아는 그런 종류의 확신이 아니라 하나님께서 우리를 다시금 뜨겁게 사랑해 주시는 경험을 통한 확신입니다.

이렇게 용서를 경험함으로 하나님과의 화목의 관계를 회복하게 되면 이제 자기를 영혼의 깊음 속에 떨어지게 했던 죄에 대해 혐오하는 마음이 생깁니다. 이것이 관념적으로만 용서받았다고 생각하는 사람들과의 분명한 차이입니다.

마음에 두고 생각하기

복음적인 용서를 경험한 사람들은 죄의 달콤함 보다는 죄로 인해 치룬 고통을 보다 분명히 기억합니다. 그래서 그들은 죄를 경계하고 성화를 갈망합니다. 여러분은 어떻습니까? 죄를 향해 진지한 혐오감을 가지고 계십니까?

➤ APPLICATION

하나님의 용서에 대한 피상적 이해와
용서에 대한 복음적 믿음의 네 번째 차이는
전자는 자기 의를 확신하지만
후자는 그리스도께 절대적으로 의존한다는 것입니다

용서를 관념적으로 이해하는 사람들의 특징은 자기 의로움에 대한 확신입니다. 이 사람들에게는 자기가 결심한 바를 이루려는 고집이 있습니다. 그리고 자기 안에 여전히 남아있는 죄의 경향성과 스스로 용서받은 사람이라고 하는 인식 사이의 괴리를 교회 출석과 봉사 등으로 메우려고 합니다.

그런데 이런 사람들은 무언가 열심히 하기는 하지만, 관심사가 하나님께서 그들을 바라보시며 가지고 계신 관심사가 아닙니다. 하나님께서는 영혼의 깊음 속에서 깊이 회개하고 그 골짜기에서 벗어나기를 원하시는데, 그들은 봉사한 일들을 늘어놓으며 자기 자랑만 쌓아갈 뿐입니다. 그렇게 사는 동안 스스로 자기 의를 쌓으며, 자신이 올바른 일을 해 왔다는 확신을 굳혀 갑니다. 그리고 자기가 정당하다는 신념을 갖게 됩니다. 이럴 때 두 가지 불행한 일이 일어나는데, 첫째는 복음적 회개로부터 멀어지는 것이고, 둘째는 그 영혼이 하나님의 생명으로부터 멀어지는 것입니다. 실제로 우리 주위에는 교회 일을 행하는 데 큰 열심이 있고, 여러 가지로 봉사는 하는데, 영적으로 살아있다는 느낌을 주지 않는 사람들이 있습니다. 그들을 생각할 때, 우리의 마음이 이토록 안타까운데 하나님의 마음은 어떠하시겠습니까?

"나의 영혼아 잠잠히 하나님만 바라라 대저 나의 소망이 저로 좇아 나는도다"(시 62:5)

　복음적인 용서를 경험한 사람들은 언제나 자기 자신이 아니라 예수 그리스도를 의지합니다. 그것이 용서에 이르는 유일한 수단이기 때문입니다. 죄인의 유일한 희망은 우리 주 예수 그리스도 한분뿐입니다. 다시 하나님과 뜨거운 사랑의 관계를 회복하고 창조의 목적에 부합하는 삶을 살고 싶은데, 범죄로 인해 생긴 자신과 하나님 사이의 엄청난 간격을 메울 수가 없습니다. 그때 우리에게 필요한 일이 예수 그리스도를 바라보는 것입니다. 광야에서 뱀에 물려 죽게 된 이스라엘 백성들에게 구원의 유일한 방법이 놋뱀을 바라보는 것이라고 제시했을 때, 놋뱀을 쳐다보고 살았던 것처럼 절대 의존의 마음으로 그리스도를 바라보는 것입니다. 그러므로 복음적 용서를 경험한 사람들에게는 오직 예수 그리스도만 계실 뿐 자신의 의에 대한 자랑은 있을 수 없습니다.

마음에 두고 생각하기

예수 그리스도를 향한 절대 의존의 마음이 있습니까? 혹시라도, 자신의 섬김과 봉사가 자신의 의가 되고 있지는 않습니까?

➤ APPLICATION

복음적 용서를 경험하기 위해서는
용서를 믿는 믿음이 필요합니다

어떻게 해야 영혼의 깊음 가운데 있던 신자가 복음적인 용서를 경험할 수 있을까요? 복음적 용서를 경험하기 위해서는 먼저 하나님께 용서가 있다는 것을 믿어야 합니다. 언젠가 외국에 나갔다가, 다음과 같은 글귀가 적힌 액자를 현관 입구에 걸어놓은 것을 보았습니다. "불안이 노크할 때 믿음으로 응답하며 나아가라. 그러면 두려워할 만한 것이 아무것도 없음을 알게 될 것이다." 복음적 용서로 나아갈 때, 우리는 발목을 붙잡는 수많은 불안과 의심을 만납니다. 그런데 이 모든 불안과 의심은 모두 우리의 믿음을 보시기 위하여 주어진 것들입니다. 믿음으로 그 모든 불안과 의심을 떨쳐내고 하나님 앞으로 나아가야 하는 것입니다.

영혼의 깊음 속에서 자신의 죄를 인정하고 토설한 후에 하나님의 용서를 구하며 나아가 본 적이 있습니까? 그렇다면 여러분은, 하나님의 용서로 나아가려는 자신을 주저앉히려는 수많은 반대가 자신의 안에서 일어나는 것을 경험하였을 것입니다. 그러나 반대가 있을지라도 우리 안에 하나님의 용서에 대한 강한 확신이 있으면, 영혼의 깊음 속에 그대로 머물러 있을 수 없습니다. 하나님께서 죄에 빠진 우리를 깊음 가운데 버려두지 않으시고 반드시 구원해 주실 것이라고 하는 이 확신이야말로 바로 믿음입니다. 그리고 이 믿음이 하나님 앞에 용서가 있다는 사실을 믿지 못하게 하는 대적들이 우리를 공격할 때, 그 모든 것들을 뿌리칠 수 있게

> "악인은 그 길을, 불의한 자는 그 생각을 버리고 여호와께로 돌아오라
> 그리하면 그가 긍휼히 여기시리라 우리 하나님께로 나아오라 그가 널리 용서하시리라"(사 55:7)

합니다.

여러분! 우리가 영혼의 깊음 가운데에서도 하나님을 간절히 바라볼 수 있으려면 하나님의 용서에 대한 강한 믿음을 가져야 합니다. 그러나 안타깝게도 너무나 많은 사람들이 하나님의 용서를 믿지 못합니다. 그들은 영혼의 깊음 속에서 고통스러워하다가 자신의 죄의 무게를 이기지 못하고 주저앉고 맙니다. 하나님의 용서에 대한 믿음을 찾아보기 힘든 것은 건강하게 신앙생활하는 것처럼 보이는 사람들에게서도 마찬가지입니다. 교회에 꾸준히 출석하는 사람들 속에서도 거친 환란에 요동하지 않는 담대함을 찾아보기가 어렵습니다. 하나님께 용서가 있다는 사실을 믿지 못한 채, 영혼의 깊음 속에서 주어진 의무만 겨우겨우 행하며 형식적으로 살아가고 있는 그리스도인들이 대다수이기 때문입니다.

마음에 두고 생각하기

영혼의 깊은 어두움에서 벗어나기 위해서는 먼저 하나님의 용서가 있다는 사실을 믿어야 합니다. 하나님께서 우리를 용서하시고 회복시키실 것이라는 사실을 정말로 믿고 계십니까?

➤ APPLICATION

하나님의 용서를 믿는 믿음은 지식에서 나옵니다

하나님의 용서를 믿는 믿음은 지식에서 나옵니다. 하나님의 용서의 세계에 대해 정확한 가르침을 받을 때 비로소 굳센 믿음이 생겨나는 것입니다. 옛말에 '가난 자랑은 하지 말아도 병 자랑은 하라'는 이야기가 있습니다. 가난을 자랑하는 것은 아무 유익이 없다는 것이 조상들의 경험입니다. 반대로 병은 자랑하라고 합니다. 자기가 가지고 있는 병에 대해 이야기하다 보면 다른 사람을 통해 자기가 모르고 있던 치료법을 알게 되기도 하고, 유용한 정보를 공유할 수 있게 되기도 하기 때문입니다.

마찬가지로 영혼의 깊음 가운데서 이미 저지른 죄들과 자기 안에 차오르는 정욕 때문에 고통스러워하는 신자에게 먼저 필요한 것은 하나님의 용서에 대한 인식과 정보입니다. 물론 그 지식만을 가지고 영혼의 깊음 가운데서 벗어날 수 있는 것은 아닙니다. 우리에게 필요한 것은 그것을 믿는 믿음입니다. 그러나 먼저 하나님의 용서를 아는 지식이 있어야 그것을 믿지 않겠습니까?

죄 가운데 빠져 깊음 속에 있는 사람들에게는 환경적인 어려움과 내면의 고통이 실타래처럼 뒤엉키는 일들이 일어납니다. 그러므로 영혼의 깊음 속에 있을 때는 하나님의 말씀을 배워야 합니다.

환경적인 어려움을 만나고 내면의 고통이 시작될 때 말씀을 떠나서 몸부림치는 것은 마치 늪 속에 빠져 들어간 사람이 몸부림치면 칠수록 더

"너희가 은을 받지 말고 나의 훈계를 받으며 정금보다 지식을 얻으라"(잠 8:10)

깊은 늪 속에 빠져 들어가는 것과 같습니다. 오히려 그때에는 무릎을 꿇고 성경이 이야기하는 것에 귀를 기울여야 합니다. 그렇게 함으로써 성경의 교리들을 터득하기 시작할 때, 그것이 놀라운 빛이 되어 깊음 가운데 있는 영혼에 비치게 됩니다.

기억하십시오. 신앙의 길에 있어서는 질러가는 듯 느껴지는 길이 돌아가는 길이고, 돌아가는 듯 느껴지는 길이 지름길입니다. 지금, 현재적으로 영혼의 깊음 가운데 계십니까? 영혼의 고통을 느끼며 괴로워하고 계십니까? 그렇다면 여러분은 아마도 한방에 여러분의 상태를 개선해 줄 어떤 특별한 해결책을 기대할 것입니다. 그러나 가장 정확하고 빠른 해결책은 다른 무엇이 아니라, 하나님의 말씀 앞에 서는 것입니다. 그것보다 빠르고 정확한 해결방법은 없습니다.

마음에 두고 생각하기

환경적인 어려움과 영적 고통이 실타래처럼 얽혀 있습니까? 그 실타래를 풀기 위해 가장 먼저 필요한 일은 환한 지식의 빛으로 그것을 비추는 것입니다. 그래야 왜 그렇게 엉키게 되었는지, 그리고 어디서부터 손대야 그것을 잘 풀 수 있는지 알 수 있기 때문입니다.

➤ APPLICATION

하나님의 용서를 발견하고 그 용서를 믿게 된 영혼은 하나님과 함께 하겠다는 결단을 합니다

용서를 믿는 참된 믿음의 첫 번째 효과는 하나님과 함께 하고자 하는 결단입니다. 범죄함으로 영혼의 깊음 속에 떨어지게 되면 제일 먼저 사라지는 것이 하나님의 사랑에 대한 인식입니다. 하나님이 나를 사랑하신다는 인식이 사라지는 한편, 내가 하나님을 사랑하고 있다는 인식도 사라집니다. 은혜가 있을 때에는 하나님의 이름만 불러도 가슴 가득 사랑이 차올랐는데, 이제는 하나님의 이름 자체가 낯설게 느껴지는 것입니다.

하나님의 사랑에 대한 인식이 사라지고 나면, 하나님을 향하여 무한한 거리감이 느껴집니다. 그리고 이 거리감은 심해질 경우, 하나님이 나를 내동댕이쳐 버리셨다는 느낌으로까지 발전합니다. 기도를 해도 들으시지 않고, 예배에 나와도 은혜 주시지 않고, 무언가 선한 일을 해도 기뻐하시지 않는 것만 같은 것입니다. 이러한 때에는 아무리 하나님을 찾아도 차가운 거절감밖에는 느껴지는 것이 없습니다.

사랑하는 여러분! 여러분에게는 이러한 경험이 없으십니까? 이것이야말로 그리스도인들이 가장 견디기 힘들어하는 영적 고통 가운데 하나입니다.

이러한 거리감과 차가운 거절감은 하나님이 나와 함께 하신다는 경험이 결핍된 데서 오는 것입니다. 거듭나 하나님의 자녀가 된 사람들에게는 하나님이 함께 하시는 임마누엘의 경험이 반드시 있습니다. 그리고 그 경

"내가 항상 주와 함께 하니 주께서 내 오른손을 붙드셨나이다"(시 73:23)

힘은 첫 번째 회심에서 가장 강력하게 나타납니다.

그런데 범죄하여 깊음 가운데 있을 때에는 하나님이 자신과 함께 계신다는 사실이 믿어지지 않습니다. 그러나 하나님께 용서가 있다는 사실이 강하게 믿어지기 시작하면 마음속에 하나님과 함께 하고자 하는 강력한 결단이 생겨납니다. "하나님이 나와 함께해 주셨으면 좋겠다. 나와 하나님 사이에 있는 이 무한한 거리감, 하나님께 버림받은 것 같은 이 느낌이 사라질 수만 있다면 나는 무엇이든지 하고 싶다. 하나님 제게 다른 것은 아무것도 필요하지 않습니다. 나를 다시 만나 주시고 나와 함께해 주십시오" 하는 간절한 고백이 흘러나오게 되는 것입니다.

마음에 두고 생각하기

하나님과 함께 하고 싶다는 간절한 결단은 용서의 확신을 가로막는 대적들과 하나님의 용서가 아닌 다른 것들을 통해 위로받으려는 죄의 유혹과 맞서 싸우는, 두 가지 방향으로 나타납니다. 그리고 그 결단이 마음속에 계속해서 살아 역사할 때, 모든 어려움들을 뚫고 진정한 하나님의 자유가 있는 용서 속으로 들어갈 수 있게 됩니다.

➤ APPLICATION

하나님의 용서를 발견하고 그 용서를 믿게 된 영혼은 하나님의 용서를 기다리겠다는 결단을 합니다

용서를 믿는 참된 믿음의 두 번째 효과는 기다리겠다는 결단입니다. 깊음 가운데 있는 신자들이 하나님께 용서를 구하는 최초의 동기는 대부분 개별적인 죄에 대한 양심의 가책으로부터 벗어나고 싶다는 것입니다. 죄악이 주는 즐거움으로 양심의 고통을 누르면서 살아가다가 그 즐거움이 다하고, 하나님과 누리던 달콤한 기억들과 친밀함마저 빼앗기게 되면, 신자에게는 양심을 찌르는 고통만 남습니다. 그 고통은 너무 심해서 마치 살점을 베어 내고 소금을 뿌리는 것처럼 괴롭고 쓰라립니다. 그때에야 하나님 앞에 용서해 달라고 간절히 빌게 되는데, 그 처음 동기가 바로 괴로움을 모면하고 싶다는 것입니다.

하나님 앞에 용서를 구하며 부르짖다 보면, 어떤 때는 마음으로부터 우러나오는 간절한 기도를 하게 됩니다. 그런데 이상하게도 하나님이 나를 용서하셨다는 확신은 별로 오지 않습니다. 그래서 어떤 사람들은 하나님의 용서를 훔치기도 합니다. 그렇게 간절히 기도했으니 하나님이 응답해 주신 것이 틀림없다고 스스로 생각하는 것입니다. 그리고는 "성경에도 믿는 자가 복이 있다고 하지 않았는가? 구하는 것은 받은 줄로 믿으라고 하지 않았는가? 이미 용서하셨는데 계속 용서를 구하는 것은 불신앙이 아닌가?" 라고 말하는 것입니다. 그런데 그것은 하나님께 용서를 받는 것이 아니라, 하나님의 용서에 대한 개념을 훔치는 것입니다. 그렇게 훔친

> "나의 환난날에 내가 주를 찾았으며 밤에는 내 손을 들고 거두지 아니하였으며 내 영혼이 위로 받기를 거절하였도다"(시 77:2)

용서의 개념을 가지고는 영혼의 진정한 자유를 누릴 수 없습니다.

하나님의 용서를 경험한 자에게는 분명한 표증이 있습니다. 그것은 바로 자신의 영혼이 하나님과의 화목과 사랑의 경험으로 충만하게 채워지는 것입니다. 용서는 다시 사랑한다는 것과 같은 말이기 때문입니다.

하나님의 용서에 대한 믿음이 굳건하게 생기면 하나님의 용서의 개념을 훔치는 것이 아니라, 하나님의 용서를 기다릴 확신이 생겨납니다. 시편 77편 2절에서 시인은 "내가 환난 날에 주를 찾았고 밤중에 내 손을 들고 거두지 아니하였으며" 라고 고백합니다. 당장은 하나님으로부터 오는 어떠한 응답도 없다 할지라도, 반드시 응답하실 것을 믿기에 계속해서 기다리는 것입니다. 용서에 대한 확신이 있을 때는 이렇게 하나님의 용서를 기다릴 결단을 하게 됩니다.

마음에 두고 생각하기

하나님의 용서를 기다리십니까? 먼저 지쳐 포기하지 않고, 하나님의 고치시는 손길이 우리에게 임할 때까지 끈질기게 기다릴 수 있는 힘을 주는 것이 바로 용서를 믿는 믿음입니다.

➤ APPLICATION

하나님의 용서를 발견하고 그 용서를 믿게 된 영혼은 영혼의 깊음으로부터 구원받겠다는 결단을 합니다

용서를 믿는 참된 믿음의 세 번째 효과는 구원받고자 하는 결단입니다. 하나님의 용서에 대한 확신은 신자가 용서에 마음을 기울이게 합니다. 그래서 용서에 대한 확신을 가진 신자는 하나님이 용서해 주신 사람들이 어떻게 다시금 하나님과의 화목을 회복하는지에 관심을 갖게 되고, 성경을 통해 그것을 발견하고자 애씁니다.

생각해 보십시오. 병이 든 사람은 어떤 약이 효험이 있다는 정보를 아는 것만으로 만족하지 않고, 보다 구체적인 사실들을 알고자 애쓸 것입니다. 다른 약과 비교해서 어떤 점이 좋은지, 어떤 상태에 있던 사람이 그 약을 먹고 나았는지, 부작용은 없는지에 대해 끊임없이 알고 싶어 할 것입니다. 마찬가지입니다. 용서가 있다고 확신하게 되면, 우리에게는 용서 안에 담겨 있는 보석과 같은 수많은 자원들에 대해 알고 싶은 마음이 생겨납니다. 그래서 하나님의 용서를 확신한 신자는 하나님의 말씀을 더 많이 깨닫고 싶어하고, 용서 속에 깃들어 있는 하나님의 사랑을 더 많이 갈망합니다. 사실, 용서 안에는 '반드시 다시 사랑하겠다'는 약속이 포함되어 있습니다. "네가 죄를 지은 것은 유감스러운 일이지만 그토록 간절하게 용서해 달라고 빌고 있으니 알았다. 용서해 주마, 단, 너와 나와의 관계는 정리된 것으로 하자. 다시는 보고 싶지 않다"라고 한다면, 이것은 용서가 아니라 복수하지 않겠다는 표현일 뿐입니다. 우리가 하나님께

"여호와여 돌아와 나의 영혼을 건지시며 주의 인자하심을 인하여 나를 구원하소서"(시 6:4)

원하는 것은 이런 것이 아닙니다. 용서는 반드시 사랑을 포함하기 때문입니다.

하나님의 사랑이 우리 안에 다시 밀려들어오기 위해서는, 우리의 영혼이 죄에 대한 사랑으로부터 벗어나야만 합니다. 그러므로 하나님의 용서를 굳게 믿게 된 신자에게는 죄가 가져다 준 결과들로부터 벗어나고자 하는 강력한 소망이 생겨 납니다. 말할 수 없는 양심의 가책, 죄가 몰고 온 환난과 같은 폭풍, 망가진 마음의 틀과 부패한 영혼, 이 모든 것들을 다 고치고 새로워지고 싶다는 열망이 생겨나는 것입니다. 그리고 그렇게 구원받지 못한다면 자기의 인생은 아무 의미가 없다는 사실을 깨닫고, 자신의 처지에 대해 하나님 앞에 깊이 한탄하는 마음이 생겨날 때, 비로소 그에게는 구원에 대한 결단이 생겨납니다.

마음에 두고 생각하기

영혼의 깊음으로부터 반드시 구원받겠다는 결단이 있습니까? 하나님의 용서 안에 참된 자유와 사랑, 영광이 있음을 인식하고 있습니까? 예수 그리스도께서 십자가 구속을 통해 이루신 화목에 참여하고자 하는 갈망이 있습니까?

➤ APPLICATION

하나님의 용서를 믿는다는 것은
하나님이 정당하신 분임을 확신하는 것입니다

믿음이란, 하나님을 향한 절대 의존을 가리키는 것으로 네 가지 사실을 포함합니다. 첫째로, 하나님께서는 정당하시다는 확신입니다. 하나님께 나아가지 않을 때, 우리는 드러나든 드러나지 않든 계속 투덜거립니다. 하나님이 자기만 미워한다고 생각하는 것입니다. 주위 사람들과 비교하면서, '나보다 더한 사람도 많은데 하나님은 왜 나만 미워하시고, 내 길을 막으시는가?' 하고 생각합니다.

그런데 그렇게 불평하던 사람이 하나님의 용서를 확신하게 될 때, 먼저 그에게는 하나님은 정당하시다는 확신이 생겨 납니다. 현재 경험하고 있는 모든 환난과 고통스러운 삶의 상황이 하나님께서 주관하시는 것이라는 인식이 싹트고, 하나님께서 그것들을 사용하셔서 나를 다루시는 것이 너무나 정당하다는 고백이 생겨 나는 것입니다. 이 같은 고백을 우리는 시편에서 발견할 수 있는데, 바로 "주께서 말씀하실 때에 의로우시다 하고 판단하실 때에 순전하시다 하리이다" 시 51:4下입니다. 시인의 이 고백은 억지로 만들어 낸 것이 아니라, 마음속 깊은 곳에서 정직하게 흘러나온 고백입니다.

사랑하는 여러분! 우리가 하나님의 은혜를 경험하고, 진심으로 죄를 뉘우치며 기도할 때는 결코 교만해질 수 없습니다. 그런데 지금도 우리 가운데에는 하나님 앞에 용서를 받고 싶은 마음과 함께, 하나님 앞에 거

"주께서 말씀하실 때에 의로우시다 하고 판단하실 때에 순전하시다 하리이다"(시 51:4下)

절당하고 영혼의 깊음 가운데 있는 자기의 처지로 인하여 하나님을 원망하는 마음을 품고 있는 사람이 있을 것입니다. 원망은 우리의 마음을 더욱 강퍅하게 하고, 우리를 더 깊은 어두움 속으로 끌고 들어갈 뿐입니다.

안타깝게도 너무나 많은 그리스도인들이 영혼의 깊음 가운데에서 하나님을 향하여 원망의 마음을 품습니다. 자기가 잘못한 것은 사실이지만, 이러한 대접을 받는 것은 부당하다는 생각을 하는 것입니다. 그러나 우리가 하나님의 용서를 경험하기 위해서는 그러한 태도를 버려야 합니다. 하나님께서는 언제나 정당하시다는 확신을 가져야 하는 것입니다.

마음에 두고 생각하기

하나님을 향한 원망의 마음을 가지고 계십니까? 자신을 다루시는 하나님의 태도가 잘못되었다는 생각을 가지고 계십니까? 그렇다면 여러분이 열렬하게 기도한다 할지라도, 하나님께서는 결코 그것을 듣지 않으실 것입니다. 여러분이 그러한 태도를 버리고 회개하기 전까지는 하나님으로부터 경험하는 차가운 거절감이 끝나지 않는 것입니다.

 APPLICATION

하나님의 용서를 믿는다는 것은
하나님 앞에서 살고 싶어하는 것입니다

하나님의 용서를 믿는 믿음이 포함하는 두 번째 확신은 하나님 앞에서 살고 싶다는 확신입니다. 하나님 앞에서 산다고 하는 것은 하나님을 대면하며 산다는 것입니다. 성경 인물들 가운데 하나님이 대면해 주신 대표적인 사람이 모세였습니다. 하나님께서는 모세에 대하여, "너희 중에 선지자가 있으면 나 여호와가 이상으로 나를 그에게 알리기도 하고 꿈으로 그와 말하기도 하거니와 내 종 모세와는 그렇지 아니하니……그와는 내가 대면하여 명백히 말하고 은밀한 말로 아니하며"민 12:5-8 라고 말씀하셨습니다. 이것이 하나님 앞에서 사는 삶입니다.

부끄러움 없이 부모를 대면하며 건강하게 자란 아이는 비밀이 없습니다. 그래서 자기에게 일어난 일을 부모에게 잘 이야기합니다. 잘못한 일이 있어도 부모에게 자유롭게 이야기합니다. 부모로부터 이해받고, 사랑받을 것이라는 확신이 있기 때문입니다. 그렇게 자라는 아이에게는 자신의 실제 모습과 부모가 이해하는 모습 사이에 차이가 없습니다. 삶이 진실한 것입니다.

그렇다면 여러분은 어떻습니까? 하나님 앞에서 진실한 삶을 살고 계십니까? 너무나 많은 그리스도인들이 하나님의 뜻을 외면하고, 자신의 정욕을 만족시키며 살아갑니다. 그리고 그러한 모든 태도는 하나님 앞에 살기를 거절하는 것입니다.

"하나님이여 나의 우매함을 아시오니 내 죄가 주의 앞에서 숨김이 없나이다"(시 69:5)

그런데 어느 순간 하나님께 용서가 있다는 사실을 믿게 될 때, 우리는 죄가 주는 즐거움이 모두 거짓이라는 것을 깨닫고, 죽음의 칼을 들이대는 죄의 정체를 발견하게 됩니다. 그때 우리에게 생겨나는 강력한 소망은 하나님 앞에서 살고 싶다는 것입니다. "이제 하나님 앞에 살고 싶은 것 외에는 제게 다른 소망이 없습니다. 고난과 환난, 비참한 삶이 있다 해도, 주님 앞에서 살 수만 있다면 그것으로 충분합니다. 하나님 앞에서 살 수만 있다면, 좋은 삶의 환경과 많은 물질과 사람들의 박수갈채가 없어도 상관없습니다. 이 세상에서 외톨이가 된다 해도 제가 주님 앞에서 살 수 있다면 저는 그런 삶을 원합니다." 마음 깊은 곳에서 흘러나오는 이런 굳센 믿음과 고백이 우리를 용서의 길로 나아가게 합니다.

마음에 두고 생각하기

하나님 앞에서 산다는 것은 우리의 모든 삶 속에서 하나님의 호불호好不好를 분명하게 인지하며, 우리를 대하여 하나님이 느끼시는 불쾌와 유쾌, 사랑과 미움을 생생하게 경험하면서 사는 것을 의미합니다. 여러분에게는 하나님 앞에서 살고 싶어하는 소망이 있습니까?

 APPLICATION

하나님의 용서를 믿는다는 것은
죄를 갚음에 있어
자신의 전적 무능을 확신하는 것입니다

하나님의 용서를 믿는 믿음이 포함하는 세 번째 확신은 죄를 갚음에 있어서 자신은 절대적으로 무능하다는 확신입니다. 사실, 우리는 죄 문제에 있어서 철저하게 무능한 존재입니다. 생각해 보십시오. 우리가 죄를 죽일 수 있습니까? 죄를 씻을 수 있습니까? 죄를 갚을 수 있습니까? 죄는 죄에 대해 인식한다고 해서 해결되는 것이 아니고, 양심과 율법이 주는 고통을 견딘다고 해서 갚아지는 것도 아닙니다. 물론, 죄에 대한 인식이 신자 안에 생기면 그러한 인식이 없을 때보다는 죄가 움츠러듭니다. 도둑이 남의 집 담을 넘어갔는데, 갑자기 어둡던 집안에 불이 환하게 켜지면 도둑이 놀라 엎드리는 것과 같은 이치입니다. 그런데 불이 켜진 이후에 아무 일도 일어나지 않습니다. 가끔 불이 들어왔다 나가기는 하지만 사방은 조용하고 아무 일도 일어나지 않습니다. 그렇다면 도둑은 어떻게 할까요? 그는 소기의 목적을 달성하고자 다시 일어나 활동할 것입니다.

사랑하는 여러분! 죄에 대한 성령의 직접적 공격이 아닌 인간의 모든 인위적인 노력에는 한계가 있습니다. 인간은 죄를 짓기만 할 뿐, 자신의 힘으로 죄의 문제를 해결할 수는 없는 존재입니다. 그러므로 진심으로 죄의 문제를 해결하기 원한다면 먼저 죄의 문제를 해결함에 있어서 자신은 전적으로 무능하다는 사실에 눈떠야 합니다. 그런데 이 전적 무능에 대한 인식은 자신의 죄는 지존하신 하나님을 향한 대적이므로 용서받을 수 없

"기록한 바 의인은 없나니 하나도 없으며"(롬 3:10)

을 만큼 무한히 크다는 사실을 깨닫는 데서부터 비롯됩니다.

여러분! 우리는 죄를 범함으로 하나님께 무한한 손해를 입혔습니다. 이것은 하나님의 창조세계와 그 세계를 향한 계획을 망가뜨렸을 뿐 아니라 하나님의 마음에도 심각한 고통을 안겨드린 중대한 범죄였습니다. 이 사실을 마음에 새길 때, 우리의 힘으로는 하나님께 죄를 갚는 일을 감당할 수 없다는 확신을 갖게 됩니다. 그리고 이러한 무능의 자각이 하나님을 더 간절히 붙들게 만들어 줍니다.

마음에 두고 생각하기

청교도 존 오웬은 "신자가 죄를 짓는 순간, 그는 하나님을 버리는 것이다"라고 말했습니다. 죄는 이처럼 하나님 앞에 커다란 반역이요, 배신입니다. 사랑하는 여러분! 우리에게는 죄를 저지를 능력만 있을 뿐 해결할 능력은 없습니다. 그러므로 죄인인 우리에게 필요한 것은 자신의 무능을 자각하고, 하나님께 간절히 매달리는 것입니다.

 APPLICATION

하나님의 용서를 믿는다는 것은
예수 그리스도를 통해서만 용서받을 수 있음을
확신하는 것입니다

하나님의 용서를 믿는 믿음이 포함하는 네 번째 확신은 오직 예수 그리스도를 통해서만 용서받을 수 있다는 확신입니다. 하나님의 용서를 믿는 신자의 마음에는 오직 예수 그리스도를 통해서만 용서받을 수 있다는 강한 확신이 있습니다. 그래서 하나님의 용서하시는 은혜를 경험하는 곳에는 항상 그리스도의 십자가의 경험이 있습니다.

예수님이 우리의 모든 죄를 지시고 십자가에 못 박혀 죽으셨을 때, 그분은 우리가 이후에는 절대로 죄를 짓지 않고 살 것이라고 생각하시지 않으셨습니다. 왜냐하면 우리가 어떤 존재인지 너무나 잘 알고 계셨기 때문입니다. 그래서 예수님은 우리의 죄를 위해 못 박혀 죽으실 그때에 당신의 보혈로 값을 치르시고 하나님 아버지께 용서를 미리 사들이셨습니다. 그래서 죄를 짓고 영혼의 깊음 속에서 아파하다가 믿음을 가지고 하나님께 나아오는 사람들에게, 이미 사들이신 그 용서를 적용시키심으로 실제로 용서의 능력을 체험하도록 만들어 주셨습니다. 예수 그리스도는 하나님의 분부를 따라 이 세상에 내려오셨고, 멸시와 욕을 당하시면서 일생을 사셨습니다. 그리고 마지막에는 십자가에 못 박혀서 하나님의 진노를 모두 받으시고 죽으셨습니다. 이처럼 예수님은 당신의 피로 값을 지불하심으로, 우리의 죄를 용서하시고 구원하시려는 하나님의 계획을 이루셨고, 성령의 능력으로 다시 살아나심으로써 예수님 자신은 죄와 상관없

"오직 우리 주 예수 그리스도로 말미암아 구원을 얻게 하신 것이라"(살전 5:9下)

는 분이라는 사실을 입증받으셨습니다. 그리고 이것이 우리가 하나님 앞에 용서를 받는 중요한 근거가 됩니다. 우리의 죄에 대한 하나님의 형벌을 예수님이 희생으로 대신 지불하셨기 때문에, 그분이 십자가에 죽고 다시 사심으로 당신의 의로움을 입증받으신 이것은 하나님이 우리의 죄를 용서하시고 우리를 의롭게 여기시는 근거가 되는 것입니다.

그러므로 하나님 앞에 용서를 경험하기 위해 나아가는 사람은 오직 그리스도를 통해서만 용서받을 수 있다는 확신을 가져야 합니다. 영혼의 깊음이라는 비참한 지경에서 우리를 건져줄 수 있는 분은 하나님뿐이십니다. 그리고 죄인이 거룩하신 하나님께 나아가는 길은 오직 그리스도를 통해서만 가능하므로, 우리가 의지할 분은 우리 주 예수 그리스도밖에는 없습니다. 이것을 믿는 믿음이 우리에게 필요하고, 우리가 그것을 믿을 때 우리 안에 성령님이 역사하시는 것입니다.

마음에 두고 생각하기

예수 그리스도께서 우리가 예수 믿기 전에 지은 죄뿐만 아니라, 이후에 지을 모든 죄까지도 한 번에 짊어지고 대신 죽으셨다는 사실을 확신하십니까?

➤ APPLICATION

하나님의 용서를 실제로 경험하고 싶은 간절한 갈망은 기도를 통해 구체적으로 표현됩니다

 죄가 용서되었다는 것을 실제적으로 경험하고 싶은 간절한 갈망은 기도를 통해 구체적으로 표현됩니다. 따라서 하나님의 용서를 간절히 구하는 믿음이 생겨 났다 할지라도, 그것을 두고 기도하지 않으면, 그러한 갈망은 이내 사그라집니다. 아무리 강력한 갈망이 생겨도, 그것을 붙들고 기도하지 않으면 영혼이 싫증을 느낄 때 결국 잃어버리고 마는 것입니다.

 그러나 믿음을 가지고 하나님 앞에 나아가 기도하기 시작하면 성령님은 그 영혼 안에서 일하기 시작하십니다. 이제 우리는 하나님의 용서를 믿는 믿음으로 하나님 앞에 용서를 구하며 기도해야만 합니다. 그런데 기도할 때, 특별히 마음에 두어야 할 두 가지 지침이 있습니다. 바로 열렬함과 지속성입니다.

 먼저, 열렬함은 소리소리 지르는 육적 열렬함을 이야기하는 것이 아니라, 마음의 간절한 갈망이 담긴 영적 열렬함을 말합니다. 수천의 날들을 하나님의 용서 없이 살기보다는 단 하루라도 하나님의 용서를 경험하고 그 사랑 속에서 죽고 싶다는 마음, 그것이 바로 열렬함입니다. 다음으로 필요한 것이 지속성입니다. 용서의 은혜가 경험되는 데에는 기간이 정해져 있는 것이 아닙니다. 어떤 사람들은 기도를 시작하고 얼마 되지 않아서 하나님의 용서를 경험하지만, 어떤 사람들은 상당히 긴 시간이 지나도 용서를 경험하지 못합니다. 이것은 하나님의 주권에 달린 것이기 때

"쉬지 말고 기도하라"(살전 5:17)

문입니다.

그러나 분명한 사실이 있습니다. 그것은 비록 나를 다시 뜨겁게 사랑하신다는 확신이 충분하게 밀려오지 않는다고 할지라도, 포기하지 않고 지속적으로 기도하면 하나님께서 반드시 응답하신다는 사실입니다. 하나님께서는 우리의 열렬하고 지속적인 기도를 보시면서 우리가 죄에 속한 사람이 아니고 하나님께 속한 사람임을 확인하십니다. 나방이 애벌레의 시기를 거쳐 아름다운 나비가 되는 것처럼, 그 긴 과정을 통해서 하나님은 우리를 정결하고 아름답게 만드시는 것입니다.

마음에 두고 생각하기

실제적인 죄 죽임을 경험하고 용서의 확신을 얻는 것은 결코 한 번 강력한 은혜를 받는 것으로 되는 것이 아닙니다. 하나님께는 용서가 있다는 믿음을 가지고 열렬함과 지속성으로 기도하는 것이 요구되는 것입니다. 우리 주 예수 그리스도의 보혈의 능력이 나를 새롭게 해서, 이 모든 어두움 가운데서 빛으로 인도해 주실 것이라는 확신을 가지고 하나님 앞에 간절히 기도할 때, 용서의 새벽은 밝아옵니다.

➤ APPLICATION

용서는 망가진 우리를 고치시는 하나님의 방법입니다

하나님께서는 망가진 우리를 어떻게 고쳐 주실까요? 우리를 고치시는 하나님의 방법은 용서하시는 은혜입니다. 누구도 하나님의 용서를 통하지 않고서는 한번 죄로 망가진 상태에서 고쳐질 수가 없습니다.

우리를 고치고 싶으시기에, 하나님께서는 용서하시고 싶어하십니다. 그런데 불신자들이야 가르쳐 주는 사람이 없기에 몰라서 그럴 수 있다 하지만, 신자들은 왜 하나님의 용서 앞으로 잘 나아오지 않는 것일까요?

이것은 대부분의 신자들이 용서를 관념적으로만 믿기 때문입니다. 오늘날 그리스도인들 중에서 용서의 감격을 진정으로 체험하고, 망가진 자신을 고치시는 하나님을 온전히 경험한 사람들은 너무나 소수입니다.

다윗을 생각해 보십시오. 인간이 망가져도 어떻게 그렇게 처참하게 망가질 수 있습니까? 그는 간음의 죄를 지었을 뿐만 아니라, 자기를 향해 한없이 충성스러웠던 부하를 아주 잔인한 방법으로 전쟁터에서 죽였습니다. 하나님으로부터 "내 마음에 합한 사람이라"행 13:22는 평가를 받았던 그 다윗이 말입니다. 그런데 하나님께서는 그렇게 커다란 죄를 지었음에도 불구하고 다윗을 버리지 않으시고 고쳐서 사용하셨습니다. 그래서 그를 하나님의 나라를 위한 훌륭한 도구가 되게 하시고, 오히려 그 죄 속에서 하나님의 영광을 보고, 그 죄 때문에 죄보다 큰 하나님의 은혜와 사랑을 알게 하셨습니다.

"주는 선하사 사유하기를 즐기시며 주께 부르짖는 자에게 인자함이 후하심이니이다"(시 86:5)

이처럼 하나님의 용서는 죄 때문에 망가진 사람을 다시 고쳐서 사용하시는 놀라운 은혜입니다. 그러므로 저는 단언합니다. 신자들이 봉착한 진짜 문제는 죄를 짓는 것 그 자체가 아니라, 죄를 범하고도 진실한 용서를 경험하지 못하는 것에 있습니다.

사랑하는 여러분! 성경은 하나님의 용서에 대한 풍부한 증언을 우리에게 던져 줍니다. 그래서 성경은 범죄한 인간과 그 인간을 찾아다니시면서 용서하시는 하나님 사이의 감동적인 용서와 사랑의 드라마라고 할 수 있습니다. 그 용서와 사랑의 드라마를 여러분의 인생 속에도 펼치십시오.

마음에 두고 생각하기

하나님을 슬프게 하는 삶을 살고 있습니까? 하나님을 기쁘시게 하는 삶을 살기에는, 자신의 영혼이 너무나 망가졌다고 느끼십니까? 하나님의 용서 앞으로 나아가십시오. 하나님의 용서만이 우리를 고칠 수 있습니다.

➤ A P P L I C A T I O N

하나님께서는 스스로를
용서하는 하나님으로 소개하십니다

성경을 보면 하나님의 자기 계시, 즉 하나님께서 당신 자신을 소개하시는 장면이 나옵니다. 이것은 사람이 경험하고 말하는 하나님이 아니라, 하나님 자신이 스스로에 대해 말하는 것이므로 대단히 중요합니다. 이것이야말로 가장 정확한 하나님을 향한 표현이기 때문입니다.

그런데 자기 계시 가운데 가장 중요한 계시가 바로 "나 여호와는 용서하는 하나님이라"는 것입니다출 34:6. 이것은 하나님께서 언약의 백성들에게 계시해 주신 것으로, 사랑하는 자기의 백성들을 향해서 말할 수 없는 애정과 은혜로 오래 참으시며 그들이 돌이키기를 기다리시는 분이심을 나타냅니다. 하나님께서는 이처럼 회개하는 죄인들을 용납해 주시는 것을 기뻐하시는 사유의 하나님이십니다. 그러나 하나님의 사유하심의 가장 큰 증거는 바로 우리가 아직 죄인 되었을 때에 우리를 위하여 자기의 외아들을 죽게 하심으로, 우리를 향한 하나님의 사랑을 나타내신 것입니다. 사랑하는 외아들에게 우리의 죄를 모두 짊어지게 하시고 십자가에서 고난을 당하고 죽게 하신 이 명백한 용서와 사랑 앞에서, 그 누가 하나님이 용서하시는 분이심을 부인할 수 있겠습니까?

우리는 죄를 지어서 모든 자유와 은혜를 잊어버리고 영혼의 어두움 가운데로 들어갔지만, 하나님께서는 우리를 용서하셨습니다. 인간을 본래의 창조의 목적으로 돌아가게 하시기 위해서, 예수 그리스도께서는 우리

"주의 백성의 죄악을 사하시고 저희 모든 죄를 덮으셨나이다(셀라)"(시 85:2)

의 죄를 담당하시고 멸시와 욕을 당하였습니다. 예수 그리스도께서 십자가에서 못 박혀 "아버지여 내 영혼을 받으시옵소서"라는 말을 마지막으로 남기고 운명하셨을 때, 온 하늘이 캄캄해지며 앞을 분간할 수 없는 칠흑과 같은 어두움이 온 땅에 가득하였다고 성경은 기록합니다. 이것을 어느 주석가는 "하늘에 계신 아버지도 인간의 죄를 지고 당신과의 생명에서 끊어진 채 죽어가는 사랑하는 아들을 차마 보실 수가 없어서 구름으로 당신의 얼굴을 가리신 것"이라고 주석하기도 하였습니다. 그렇다면 과연 무엇 때문에 하나님께서는 이렇게까지 마음 아픈 일을 스스로 계획하시고 이루신 것일까요? 바로 우리를 용서해 주시기 위해서입니다.

그러므로 이 세상에서조차 손가락질 받는 아무 희망이 없는 죄인이라 할지라도, 예수 그리스도의 십자가 보혈의 샘에서 자기를 씻고 하나님 앞으로 나아오면 용서받을 수 있습니다.

마음에 두고 생각하기

하나님은 용서하시는 분입니다. 이것을 굳게 믿고, 용서를 사모하며 하나님 앞으로 나아가는 것만이 죄로 인해 깊은 어두움 속을 헤매는 우리의 유일한 희망입니다.

➤ APPLICATION

용서는 죄를 하찮게 여기게 만드는 것이 아니라, 두려워하게 만드는 것입니다

예수 그리스도의 보혈로 구원을 얻은 사람이라고 해서, 항상 의로운 길만 걸어가는 것은 아닙니다. 우리는 다 양 같아서 각기 제 길로 가기를 좋아합니다. 그래서 하나님의 뜻대로 살고 하나님께 순종하며 사는 것이 좋은 것임을 알면서도, 반대의 길을 걸어갑니다. 그것이 옳지 않은 것을 알지만, 은혜가 떨어진 신자에게 세상은 떨쳐 버리기에는 너무나 좋은 것이기 때문입니다. 이렇게 신자는 구원받았음에도 불구하고 죄를 범하며 살아가곤 합니다. 그런데 죄를 지었다고 해서 구원받은 신자가 영원히 영혼의 깊음 가운데로 떨어져서 하나님으로부터 차가운 거절감을 느끼며 살게 되는 것은 아닙니다. 우리의 구원은 결코 그렇게 시시한 것일 수 없습니다. 하나님께서는 한번 용서해 주시고, 그 다음에 조금이라도 잘못하면 이내 우리를 영원히 내쳐 버리는 그런 분이 아니시기 때문입니다.

그러나 하나님이 이렇게 오래 참고 기다리는 분이시라는 것이 신자들로 하여금 하나님을 두려워하지 않은 채 죄를 하찮게 여기며 방만한 삶을 살아가게 하는 이유가 될 수는 없습니다. 죄에 떨어지는 일은 쉽지만, 하나님의 용서하심을 경험하고 완전하게 하시는 하나님께로 돌아오는 일은 매우 어렵기 때문입니다. 여러분의 경험을 되돌아보십시오. 우리가 지은 죄는 헤아릴 수 없이 많습니다. 그러나 용서의 뜨거운 감격을 경험하고 다시 새로운 피조물이 된 것 같은 기쁨을 누린 것은 손으로 꼽을 만

"복 있는 사람은 악인의 꾀를 좇지 아니하며
죄인의 길에 서지 아니하며 오만한 자의 자리에 앉지 아니하고"(시 1:1)

큼 적지 않습니까? 하나님의 용서가 신자로 하여금 죄를 하찮게 여기게 만들지도 모른다는 생각은 하나님의 용서를 경험해 보지 못한 사람의 생각입니다. 하나님의 용서 없이 살아가는 삶의 비참함은 오직 하나님의 용서를 경험해 본 사람들만이 알 수 있습니다. 하나님의 용서를 경험한 사람만이, 자신이 그동안 놓치고 살아왔던 것이 얼마나 중요하고 귀한 것이었는지를 깨닫기 때문입니다.

사랑하는 여러분! 죄가 얼마나 비참한 결과를 불러왔는지, 눈뜨고 싶으십니까? 그렇다면 하나님의 용서를 경험하십시오. 용서를 통해 하나님과의 화목을 회복하십시오. 그래서 그동안 죄로 인해 누리지 못했던 것들을 누려 보십시오. 그렇게 할 때, 여러분은 죄에 대한 극렬한 혐오감을 소유할 수 있게 될 것입니다. 용서는 죄를 하찮게 여기게 만드는 것이 아니라, 죄가 얼마나 무서운 것인지를 경험하게 만드는 은혜입니다.

마음에 두고 생각하기

하나님의 용서에 대한 참된 경험이 우리에게 죄에 대한 올바른 태도를 심어 줍니다.

➤ APPLICATION

형식만 남았을 뿐,
생명력을 잃어버린 신자에게 필요한 것은
하나님의 용서입니다

　신자라면 끊임없이 진실한 참회의 눈물로 마음속에서 죄를 씻어내며, 하나님의 용서를 날마다 때마다 경험하며 살아가야 합니다. 그래서 하나님 앞에 늘 죄의 빚을 지지 않아야 합니다.

　어린 시절 방학숙제로 쓰던 일기를 기억하십니까? 그날그날 써 나가면 아무것도 아닌 그 일이 몇 달씩 밀려 놓고 한번에 쓰려면 매우 해결하기 힘든 크고 복잡한 일이 되어 버립니다. 죄의 문제 역시 마찬가지입니다. 우리들은 생각으로든, 행위로든 매일 크고 작은 죄를 짓습니다. 그런데 그런 죄를 짓기만 할 뿐, 매일 진실한 참회 속에서 그것들을 털어내지는 않습니다. 그러므로 구원받은 신자임에도 불구하고 영혼의 깊음 속으로 들어갑니다. 저는 이런 신자들을 '막가파 신자'라고 부릅니다. 이들은 기도도 안 하고, 말씀도 안 보고, 은혜생활도 안 하면서 살아갑니다. 이들에게 "왜 기도 안 하십니까?" 물으면 아마도 "힘드니까"라고 대답할 것입니다. 하나님이 어떻게 생각하시는지에 상관없이 내가 힘들면 안 하고 내가 싫으면 못하는 것이 막가는 것이 아니고 무엇이겠습니까? 그러므로 이들은 막가파 신자입니다. 막가파 신자의 가장 근본적인 죄는 자신을 하나님보다 더 높이고, 자신을 우주의 중심이라고 생각하는 것입니다. 이 뿌리로부터 모든 그릇된 신앙 태도와 삶의 모양들이 흘러나옵니다.

　신자가 이렇게 진정한 용서를 경험하지 못한 채 막가는 삶을 살아가게

> "주와 같은 신이 어디 있으리이까 주께서는 죄악을 사유하시며 그 기업의 남은 자의 허물을 넘기시며 인애를 기뻐하심으로 노를 항상 품지 아니하시나이다"(미 7:18)

되면, 하나님과의 관계가 막히고 맙니다. 하나님께서는 여전히 사랑하시지만, 더 이상은 죄로 똘똘 뭉친 그와 교제하실 수 없게 됩니다. 그래서 이런 신자들은 처음에는 자신이 게을러서 기도를 안했지만, 죄를 짓고도 회개 없이 살아가다 보니 기도할 수가 없어서 기도하지 못하는 상태가 되고 맙니다.

이런 사람들의 유일한 희망은 하나님의 진정한 용서를 실제적으로 경험하는 것입니다. 어두움을 뿌리치고 빛 가운데 살아가는 것, 하나님의 용서를 경험하고 처음 사랑으로 돌아가는 것이야말로 영혼의 깊음 속에 있는 신자들의 가슴 저미는 소망입니다. 그러나 그것을 당사자보다도 더 간절히 기다리는 분이 계십니다. 바로 우리 하나님이십니다. 사랑하는 여러분! 하나님께서는 지금 이 순간에도 당신을 떠난 자녀들을 간절히 기다리고 계십니다.

마음에 두고 생각하기

죄로 인한 혼란 가운데 계십니까? 신앙의 힘을 잃은 채 영혼의 깊음 속에서 고통하고 계십니까? 여러분에게 필요한 것은 하나님의 용서를 경험하는 일입니다.

➤ APPLICATION

용서의 핵심은 적대감의 해소입니다

제가 전도사 시절, 청년부 여름수련회를 준비하며 현수막을 만든 적이 있습니다. 저는 열정적이고 화끈한 느낌이 좋아 빨간색으로 현수막을 제작했는데, 그 현수막이 교회당에 걸린 것을 보고 장로님들이 발칵 뒤집히고 말았습니다. "빨갱이가 내려온 것도 아니고 이게 뭡니까? 당장 떼서 버리시오!" 하는 그분들의 성화에 못 이겨 결국 현수막을 내려야만 했습니다. 적대감이란 이런 것입니다. 공산주의에 대한 적대감이 있는 사람들에게는 공산주의에 속한 것만 봐도 강한 반감이 일어나고, 그저 연상시키는 것만 보아도 몸서리치게 싫어집니다. 대적 자체는 굴복시켜서 포섭할 수 있을지 모르나, 적대감은 변형시킬 수 없습니다. 적대감을 해소하는 유일한 방법은 그 감정을 죽여 완전히 사라지게 하는 것뿐입니다.

용서받지 못한 상태의 인간과 하나님 사이에도 적대감이 놓여 있습니다. 하나님께서도 인간을 향해 적대감을 가지고 계시고, 인간도 하나님을 향해 적대감을 가지고 있는 것입니다. 인간이 하나님을 향해 가지고 있는 이 적대감은 사실 매우 부당한 것입니다. 하나님께서는 잘못하신 것이 없으시기 때문입니다. 그러나 하나님 편에서 인간을 향해 느끼는 적대감은 매우 정당한 것입니다. 하나님의 공의롭고 의로우신 성품에 비추어 볼 때, 부패와 패역으로 똘똘 뭉친 인간에게 적대감을 느끼는 것은 너무나 당연하기 때문입니다.

> "(율법은 아무것도 온전케 못할지라) 이에 더 좋은 소망이 생기니
> 이것으로 우리가 하나님께 가까이 가느니라"(히 7:19)

용서란, 이러한 적대감의 해소입니다. 그러면 적대감을 해소하기 위해서는 어떻게 해야 할까요? 먼저 인간편에서는 자기 안에 있는 죄를 고백하고, 성령님께서 자신의 죄를 충분히 죽이실 수 있도록 그분에게 협력하는 일들이 있어야 합니다. 하나님의 입장에서는 참회하는 사람을 용서해 주셔야 하지만 하나님의 정의로운 성품에 비추어 볼 때, 죄의 용서란 있을 수 없는 일입니다. 그러나 하나님의 자비로운 성품에서 보면, 죄를 지은 것은 사실이지만 어떻게 하든지 간에 용서해 주시고 싶습니다. 그래서 하나님의 용서가 없는 의로운 성품과 용서가 있는 자비로운 성품이 조화를 이루게 할 무엇인가가 필요하게 되었는데, 그것이 바로 십자가입니다. 십자가에서 하나님의 공의로운 성품과 자비로운 성품이 만났던 것입니다.

마음에 두고 생각하기

십자가의 보혈의 공로를 힘입어 하나님 앞으로 나아가십시오. 그러면 하나님께서 사죄와 치유의 역사로 우리의 심령을 어루만지시고, 죄로 말미암아 끊어져 버린 관계의 교통을 회복하실 것입니다.

➤ APPLICATION

하나님께서는
인간의 회개를 사용하여 용서를 이루십니다

하나님께서는 하나님과 우리 사이의 적대감을 해소하시는 데에 회개를 사용하십니다. 그러므로 용서로 나아가기 위해서는 회개의 과정이 필요합니다. 회개란 과연 무엇일까요? 회개는 우리가 하나님 앞에 지은 죄를 깨닫고, 깊이 가슴 아파하며 그것으로부터 돌아서는 총체적인 과정을 일컫습니다.

어느 날 교회에 가보니, 『레미제라블』Les Miserables에 나오는 장발장이 그랬던 것처럼 값비싸 보이는 물건이 눈에 들어왔습니다. '저것을 훔쳐다 팔면, 돈이 좀 되겠구나'라는 생각이 들었습니다. 이 생각은 얼마 지나지 않아 '저것을 가지고 나오고 싶다. 그러면 돈으로 바꾸어, 내가 갖고 싶은 것을 살 수 있을 텐데'라는 정서를 형성하였습니다. 그리고 그 정서가 강렬해져서, 의지가 작용하여 실제로 그 물건을 가방 속에 집어넣고 교회를 빠져 나오고 말았습니다. 범죄가 성립된 것입니다. 회개 역시 범죄가 성립되는 순서와 동일합니다. 집에 가서 가방을 열자 교회에서 훔쳐 온 물건이 나왔습니다. '이것은 내 것이 아닌데……. 아! 내가 범죄를 저질렀구나' 하는 생각이 듭니다. 그러고 나니 '교회에 가서 목사님 말씀을 듣고 은혜는 못 받을지언정 도둑질을 하다니……. 내가 이것을 훔치는 동안에도 하나님께서는 나를 보고 계셨을 텐데, 얼마나 마음이 아프셨을까? 아, 내가 왜 그랬을까? 슬프다!' 하는 정서가 생겼습니다. 그래서 도

> "너희는 돌이켜 회개하고 모든 죄에서 떠날지어다
> 그리한즉 죄악이 너희를 패망케 아니하리라"(겔 18:30下)

로 가지고 교회로 와 목사님께 잘못을 고백하고, 하나님께도 용서를 빌었습니다. 의지가 작용한 것입니다. 회개는 이처럼 지·정·의 전체를 아우르는 총체적인 과정입니다. 따라서 죄를 인식하는 데에 그치거나, 자신의 잘못을 슬퍼하는 데에서 끝난다면 그것은 회개가 아닙니다.

사랑하는 여러분! 하나님의 용서를 경험하기 원하십니까? 그렇다면 여러분에게 필요한 것은 회개입니다. 죄에 대한 사랑을 버리고, 자신의 악함과 어리석음을 하나님 앞에 정직하게 고하십시오. 그러면 하나님께서 반드시 회개의 은혜를 베푸실 것입니다. 하나님께서는 회개하고자 하는 이에게 회개를 주시는 분이시기 때문입니다.

마음에 두고 생각하기

지금 여러분은 말할 수 없이 크고 놀랍고 감격적인 소식을 듣고 있습니다. 바로 더 이상 영혼의 침체와 깊은 어두움 속에서 고통할 필요가 없다는 선포입니다. 우리는 용서받을 수 있습니다. 우리가 회개하고 하나님의 용서를 간절히 바라면, 하나님께서는 우리를 용서하시고 빛 가운데로 불러 주실 것입니다. 그리하여 하나님과의 참된 화목과 평화를 누리며 살게 하실 것입니다.

➤ APPLICATION

진정한 회개는 언제나 자기 깨어짐을 동반합니다

하나님께서는 왜 유독 회개를 사용하셔서, 깊숙한 내면에 뿌리박힌 하나님을 향한 적대감을 고치고 화목을 이루시는 것일까요? 그것은 회개가 인간이 죄에 대한 사랑을 버리도록 만들어 주기 때문입니다. 진정한 회개는 언제나 자기 깨어짐을 동반합니다. 자기 깨어짐은 두 가지로 나누어 생각할 수 있는데, 하나는 자기 의에 대한 깨어짐이고 다른 하나는 죄에 대한 사랑의 깨어짐입니다.

첫째로 자기 의에 대한 깨어짐이란 '나는 제법 괜찮은 사람이다' 하는 모든 생각들이 사라지고, 자기는 아무 쓸모없는 인간이라는 사실을 자각하게 되는 것입니다. 이렇게 자기 의에 대해서 깨뜨려진 사람들만이, 깨뜨려진 만큼 예수님을 의지하게 됩니다. 그래서 자기 의에 가득 찬 사람들에게는 예수님을 온전히 의지하는 마음, 나는 하나님 앞에 아무것도 아니고 예수님만 의지하며 살 수밖에 없는 인간이라고 하는 고백이 없습니다.

둘째로 자기 깨어짐이란 죄에 대한 사랑의 깨어짐입니다. 자기 깨어짐을 경험한 신자는 이전까지 사랑했던 죄가 몸서리치게 싫어지는 것을 경험합니다. 회개를 했는데도 아직까지도 죄가 좋다면 자기 깨어짐을 동반하는 진정한 회개를 경험하지 못한 사람입니다. 온전한 참회는 자기 의에 대한 깨어짐을 동반하고, 죄에 대한 사랑을 깨뜨립니다. 죄가 가져다 주

"여호와는 마음이 상한 자에게 가까이 하시고 중심에 통회하는 자를 구원하시는도다"(시 34:18)

는 즐거움보다 그 죄의 즐거움을 누리는 대가로 지불해야 할 슬픔과 고통이 더 크게 느껴지기 때문입니다.

더구나 원칙적으로 이 회개는 우리의 마음속에서 일어나는 일이므로, 마음과 가장 가깝게 밀착되어 있는 영혼에 즉각적으로 영향을 미칩니다. 그래서 회개하게 되면, 영혼 속에 있던 죄들이 죽기 시작합니다. 그렇게 죄가 사라진 자리에 하나님의 은혜가 다시 살아나기 시작합니다. 죄에 대한 사랑이 깨뜨려진 만큼, 하나님의 사랑이 자신 속에 차오르게 되는 것입니다. 그런데 마음에 자리 잡은 하나님의 사랑은 마음에만 머물러 있는 것이 아닙니다. 이 사랑은 행동과 말과 성품을 타고 흘러나와, 존재 전체가 하나님께 집중하도록 만들어 줍니다. 그래서 결국은 그 마음이 자신의 삶에 영향을 미쳐서 총체적인 변화를 가져오게 되는 것입니다.

마음에 두고 생각하기

진정한 회개는 언제나 자기 깨어짐을 동반합니다. 그래서 회개하고, 용서하시는 하나님 앞으로 나아간 사람들의 공통적인 특징은 깨어져 고운 가루같이 된 자아입니다. 여러분에게는 이러한 깨뜨려짐의 증거가 있습니까?

➤ APPLICATION

회개의 주체는 성령님입니다

하나님의 용서로 나아가기 위해 회개가 필요하다면 이 회개는 어떻게 하는 걸까요? 성경은 회개의 주체가 우리 자신이 아니라 하나님이라고 이야기합니다 딤후 2:25下. 그렇다면 신자가 회개하지 않고 깊음 가운데서 고통하며 사는 것이 성령님이 회개를 주시지 않았기 때문일까요? 그렇지 않습니다. 성경은 회개하지 않는 자에게 심판이 있다고 분명히 이야기합니다. 회개의 주체는 성령님이시지만, 회개하지 않은 책임은 인간의 몫인 것입니다. 이것은 성령님이 우리를 회개시키는 분이기는 하지만, 단독적으로 이 사역을 하시지는 않기 때문입니다. 회개는 성령님과 인간의 협력적인 사역입니다. 회개의 주도권을 지신 성령님께서는 언제나 인간의 의지와 마음을 사용하셔서 회개를 시키시기 때문입니다.

어떤 분들은 이렇게 질문하고 싶으실 것입니다. "목사님, 저는 회개하려고 하는 마음을 가졌습니다. 하지만 성령님께서 저를 회개시켜 주지 않으시던 걸요?" 저는 이것을 지속성이 결여되었기 때문이라고 생각합니다. 진심으로 자신을 깨뜨려 주시기를 기도했다 하더라도, 5분밖에 기도하지 않았다면 깨뜨려지지 않습니다. 성령님께서는 회개하고자 하는 사람을 반드시 회개시켜 주십니다. 그러나 성령님이 언제 그 일을 해 주실지는 아무도 알 수 없습니다. 회개에도 기다림이 필요한 것입니다. 2-30분쯤 기도하다, 제풀에 지쳐 돌아가고 마는 것은 자신이 가진 회개하고자

"……하나님이 저희에게 회개함을 주사……"(딤후 2:25)

하는 마음이 한없이 경박하고 이기적인 것이었음을 스스로 입증하는 일일 뿐입니다.

인간에게 잘못한 일을 용서받는 데에도 많은 노력과 인내가 필요합니다. 하물며 하나님께 용서를 받는 일은 어떻겠습니까? 용서를 쉽게 생각하지 마십시오. 그렇다고 불가능한 것으로 생각하지도 마십시오. '주 나를 박대하시면 나 어디 가리까' 하는 심정으로 일주일, 열흘, 한 달, 두 달, 일 년, 포기하지 말고 참회의 기도를 올린다면 여러분은 반드시 회개의 은혜를 경험하게 될 것입니다. 우리가 먼저 포기하기에 회개의 은혜를 경험하지 못하는 것이지, 하나님께서 우리에게 은혜를 베풀어 주시지 않기 때문에 우리가 회개의 은혜를 경험하지 못하는 것은 결코 아니기 때문입니다.

마음에 두고 생각하기

우리에게 회개가 없는 것은, 하나님께서 주시지 않아서가 아닙니다. 우리가 간절함과 끈질김으로 회개의 은혜를 구하지 않았기 때문입니다.

➤ APPLICATION

하나님의 용서를 경험하지 못했다면, 그 사람은 아무 희망이 없는 사람입니다

모든 그리스도인들이 스스로를 하나님의 자녀라고 생각합니다. 그러나 그들 모두가 자신을 끌어안고 볼에 입맞춤을 퍼부으시는 하나님의 눈물겨운 사랑을 경험해 본 것은 아닙니다. 너무나 많은 그리스도인들이 하나님의 사랑의 실질적 경험을 일어나기 힘든 일로 생각합니다. 그러나, 결코 그렇지 않습니다. 하나님의 진정한 용서를 경험하지 않고는 그 놀라운 사랑 속으로 들어갈 수 없기에 대부분의 그리스도인들이 하나님의 사랑을 경험하는 일에 무지한 것이지, 하나님의 사랑의 경험이 일반 신자들에게는 잘 일어나지 않는 일이기 때문은 결코 아닌 것입니다. 하나님께서는 우리를 너무나 사랑하십니다. 그리고 그분의 사랑은 형식적인 차가운 선언이 아닙니다. 다만 우리가 용서에서 멀어져 있기 때문에 그 사랑을 누리며 사는 삶에서 멀리 떨어져 있는 것뿐입니다.

사랑하는 여러분! 하나님 앞에 기도할 때 단절감을 느끼십니까? 하나님과 누리는 교제로 인해 말할 수 없이 기뻐하는 성도들을 보며, 하나님으로부터 서자 취급받는 것 같은 차가운 거리감을 느끼십니까? 그러한 감정들은 모두 용서받지 못한 채 살아가는 삶으로부터 비롯된 것입니다. 교회에 빠지지 않고 출석하고, 주어진 일에 묵묵히 봉사한다 할지라도, 근본적인 용서의 경험이 없다면 우리는 하나님이 우리를 싫어하신다는 느낌밖에 받을 수 없을 것입니다. 우리를 위해 십자가에 못 박히신, 그래

> "네가 말하기를 나는 부자라 부요하여 부족한 것이 없다 하나
> 네 곤고한 것과 가련한 것과 가난한 것과 눈 먼 것과 벌거벗은 것을 알지 못하도다"(계 3:17)

서 우리에게 생명을 주셔서 죄에서 건져 주시고 사랑하신 그 예수님의 이름이 우리에게 사랑스럽지 않은데 우리의 남은 일생에 무슨 기쁨이 있을 수 있겠습니까?

사랑하지도 않는 남편과 일생을 살아가야 하는 여인의 비극에 대해서 생각해 보십시오. 그에게 무슨 희망이 있겠습니까? 그러나 하나님을 사랑하지 않는 신자의 경우와 비교하면 이것은 아주 사소한 비극일 뿐입니다. 우리를 창조하시고, 우리가 늘 예배하고 섬겨야 하는 하나님을 우리가 전혀 기뻐하지 않는다고 생각해 보십시오. 그리고 하나님께도 지금 우리가 이 세상에 살아있는 것이 전혀 기쁨이 되지 않는다고 생각해 보십시오. 아무리 돈을 많이 벌고, 좋은 음식을 먹고, 좋은 승용차를 타고 다니고, 큰 집에서 산다고 할지라도 그것으로 행복할 수 있겠습니까? 그러므로 하나님의 용서를 경험하지 못한 신자는 아무 희망이 없는 불행한 사람입니다.

마음에 두고 생각하기

우리에게 가장 중요한 것은 영원히 끝나지 않을 하나님과의 사랑입니다. 그러므로 하나님의 용서를 경험하지 못했다면 그 사람은 아무 희망이 없는 사람입니다.

➤ APPLICATION

DAY 53   CONSIDERATION & APPLICATION

하나님의 용서를 믿는다고 말하면서
하나님의 용서를 구하지 않고 있다면,
하나님과 화목한지 반문해 보아야 합니다

사람들은 죄를 짓는 것이 나쁜 줄 알면서도 계속 죄를 짓습니다. 성경은 죄가 죄인 줄 모르고 지은 사람은 죄인이고, 죄가 죄인지 알면서도 죄를 지은 사람은 반쯤 죄인이라고 말하지 않습니다. 오히려 성경은 반대로 말합니다. 죄가 죄인 줄 모르고 지은 사람들은 작은 죄인이지만 죄인 줄 알면서도 죄를 짓는 사람들은 더 큰 죄인이라고 말입니다.

마찬가지입니다. 하나님의 용서를 몰랐기에, 참회 없이 용서의 은혜에서 소외된 채 살아온 사람들은 하나님의 용서로부터 조금 멀어진 사람들입니다. 그러나 하나님의 용서가 있다는 사실을 알고 또 그것을 믿으면서도, 실제로는 용서받지 못한 채 살아가고 있다면 하나님의 용서로부터 상당히 멀리 떨어져 있는 사람들입니다.

바리새인들이 바로 그런 사람들이었습니다. 죄에 발목이 붙들린 채 죄의 지배 속으로 들어가 놓고도, 죄에 짓밟히며 살아가는 자신의 영적 상태에 대해서는 진지하게 돌아보지 않고 그럴 듯하게 유지되는 극히 일부의 신앙 형식만을 스스로 대견해 하였던 것입니다. 자신이 용서받아야 할 죄인임은 망각한 채 '하나님이 나를 얼마나 사랑하시는데, 예전에 내게 얼마나 큰 은혜를 주셨는데'만 되뇌는 사람들은 진정한 사유의 교리가 주는 은혜와는 관계가 없는 사람입니다.

그러면 하나님의 용서를 믿는다고 말만 할 뿐, 하나님의 용서를 구하지

"교만은 패망의 선봉이요 거만한 마음은 넘어짐의 앞잡이니라"(잠 16:18)

않는 사람들은 어떻게 해야 할까요? 먼저 하나님과 화목한지를 스스로에게 물어야 합니다. 하나님이 커다란 환난으로 징계하시거나, 뼈아픈 시련을 주시지 않기 때문에 스스로를 하나님과 화목하다고 생각하는 것은 노예적인 발상입니다. 우리가 하나님을 믿고 그분을 의지하는 것은 벌 받지 않기 위해서가 아니라, 하나님과 생명적인 관계를 누리면서 그 은혜와 사랑 안에서 살아가기를 원하기 때문입니다.

자신에게 정직하게 물어보십시오. 하나님과의 화목을 누리고 있습니까? 적대감이 사라진 곳에서 피어나는 사랑과, 거리감이 사라진 곳에서 피어나는 연합을 하나님과 누리고 있습니까?

마음에 두고 생각하기

하나님과의 화목을 실제적으로 누리고 있습니까? "나는 하나님의 용서를 믿고, 그런 용서를 받은 가운데 살아가고 있다"라고 믿기만 할 뿐, 실제적인 화목의 증거들이 없다면 그 사람은 아직 용서받지 못한 사람입니다.

➤ APPLICATION

… CONSIDERATION & APPLICATION

화목의 본질은 적대감과 거리감의 해소입니다

    화목이란 구체적으로 무엇일까요? 화목의 첫 번째 본질은 적대감의 해소입니다. 비 오는 날, 사랑하는 아이가 온 몸에 흙탕물을 잔뜩 묻히고 집으로 돌아왔다고 생각해 보십시오. 엄마는 아이를 그대로 안아주지 않습니다. 안아주기에 앞서 반드시 깨끗이 씻깁니다. 하나님도 마찬가지이십니다. 마음 가득 적대감을 품은 인간을 그대로 사랑해 주시지 않습니다. 따라서 하나님과 화목을 이루려면 반드시 적대감이 해소되어야 합니다. 적대감이 해소되어야만 사랑이 밀려오기 때문입니다. 그러므로 화목의 본질이 적대감의 해소라면, 화목의 증거는 하나님과의 깊은 사랑이라고 할 수 있습니다.

    화목의 두 번째 본질은 거리감의 해소입니다. 용서를 받으면 거리감이 해소되고, 거리감이 해소되면 연합이 이루어집니다. 열심히 기도하는데도 하나님이 나의 기도에 전혀 관심을 기울이지 않으시는 것 같을 때, 손뼉 치며 목소리 높여 찬양을 한 후 예배당을 나서는데 왠지 모르게 견딜 수 없는 공허함에 휩싸일 때, 우리는 하나님과의 무한한 거리감을 느낍니다. 그 거리감은 우리가 하나님의 애틋한 사랑을 못 느끼게 할 뿐만 아니라 하나님의 영광을 위해 살아야 할 책임도 느끼지 못하게 만듭니다.

    그러면 이 거리감은 어떻게 해소될 수 있을까요? 거리감은 하나님 앞에 죄가 있을 때 느껴지는 감정입니다. 따라서 죄의 문제가 용서를 통해

> "이는 하나님께서 그리스도 안에 계시사 세상을 자기와 화목하게 하시며 저희의 죄를 저희에게 돌리지 아니하시고"(고후 5:19上)

해결되고 나면, 사랑이 들어오면서 자연스럽게 거리감이 해소되고, 거리감이 사라지면 바로 연합할 수 있게 됩니다. 그러므로 연합은 사랑의 결과입니다. 사랑을 하다보니 두 존재가 점점 가까워지고, 그러다 결국 그 두 존재가 하나의 존재로 붙어 버리는 것입니다.

물론 원리적으로 신자는 거듭나는 순간에 그리스도 예수께 접붙여짐으로 하나님과 연합됩니다. 그러나 연합을 실제적으로 누리는 것은 언제나 성화에 비례합니다. 그래서 죄를 짓고 하나님 앞에 불순종하는 삶을 살아가는 신자는 원리적으로는 하나님과 연합되어 있지만, 실제적으로는 하나님과의 거리감 속에서 살아갑니다. 용서를 경험하고 화목으로 나아오기 전까지는…….

마음에 두고 생각하기

하나님과 화목을 누린다는 것은, 하나님과 사랑과 연합의 관계를 형성하고 있다는 것입니다. 하나님을 깊이 사랑하고, 그분으로부터 깊이 사랑받고 계십니까? 하나님과의 친밀한 연합 가운데 계십니까? 여기에 "예"라고 대답할 수 없다면, 여러분은 간절히 용서를 구해야 할 사람입니다.

➤ APPLICATION

우리가 세상의 유혹에 타협하지 않고, 환난과 핍박 앞에 두려워하지 않고 맞설 수 있는 힘은 하나님과의 화목에서 나옵니다

하나님과의 화목을 경험한 사람들에게는 아무것도 두려울 것이 없습니다. 우리는 4세기의 위대한 설교자 크리소스톰John Chrysostom의 생애에서도 이것을 엿볼 수 있습니다. 그는 부패와 향락의 물결에 잠긴 콘스탄티노플에 정직과 금욕을 설교했습니다. 그러나 그의 강직하고 순결한 정신과 삶은 도시의 부패한 귀족과 성직자들에게 불만을 사기에 충분한 것이었습니다. 결국, 크리소스톰은 부패한 성직자들과 황후의 권모술수에 휘말려 순교하였습니다. 하지만 우리는 그를 연약한 희생자로 기억하지 않습니다. 우리는 그를 콘스탄티노플의 황후 유독시아Eudoxia를 비롯한 귀족과 성직자들의 박해 속에서도 "세상아, 네가 정녕 나를 버리려느냐 나도 너를 버리노라" 라고 외친 위대한 하나님의 사람으로 기억합니다.

그러면 무엇이 한 사람의 연약한 인간을, 세상을 두려워하지 않는 위대한 하나님의 사람으로 만드는 것일까요? 바로 하나님과의 화목입니다. 신자가 이 세상의 유혹과 더불어 타협하지 않고, 환난의 칼과 핍박의 창 앞에 두려워하지 않고 맞설 수 있는 모든 힘이 하나님과의 사랑과 연합으로부터 나옵니다. 그래서 하나님의 용서를 경험하고, 그분과의 연합과 사랑 속에서 살아가는 신자들은 하나님 앞에서는 어린아이처럼 연약하지만, 이 세상을 향해서는 담대합니다.

사랑하는 여러분! 내적으로 용서를 경험하고 그 용서의 은혜 안에서

"누가 우리를 그리스도의 사랑에서 끊으리요 환난이나 곤고나 핍박이나 기근이나
적신이나 위험이나 칼이랴……내가 확신하노니 사망이나 생명이나 천사들이나 권세자들이나
현재 일이나 장래 일이나 능력이나 높음이나 깊음이나 다른 아무 피조물이라도
우리를 우리 주 그리스도 예수 안에 있는 하나님의 사랑에서 끊을 수 없으리라"(롬 8:35-40)

살아가는 사람들에게는 언제나 세상을 향한 담대함과 자유함이 있습니다. 여러분의 삶은 어떻습니까? 죄 아래 살아가면서 맛보는 순간의 즐거움과 적당한 타협을 통해서 받는 약간의 유익을 위해 자유함을 포기하며 살아가고 있지는 않습니까? 신자의 참 소망은 이 세상에 살고 있으나 이 세상에 묶이지 않고 사는 데 있습니다. 그리고 자유가 있기 위해서는 죄에 대한 용서를 내적으로 경험하고 그 용서의 은혜 안에서 하나님과 온전한 화목을 누리며 살아가야 합니다.

마음에 두고 생각하기

독수리처럼 태양을 마주 보며 창공을 높이 날 수 있는 특권을 부여받았음에도 불구하고, 꺾인 날개를 늘어뜨린 채 절름거리며 선창가에서 먹다 버린 생선 찌꺼기를 쪼아먹기 위해 피터지게 서로의 이마를 쪼는 갈매기떼처럼 살아가는 신자들에게 묻고 싶습니다. 무엇이 여러분을 그러한 비참함 속에 빠뜨렸는지 아십니까? 바로 하나님과의 불화입니다.

➤ APPLICATION

하나님의 용서를 믿는다고 말하면서
하나님의 용서를 구하지 않고 있다면,
피상적인 종교생활을 철저히 후회해야 합니다

하나님께 드릴 수 있는 최고의 선물은 신자 자신입니다. 따라서 신자 자신이 하나님 앞에 변화되어서, 죄가 있다면 그 죄를 정직하게 회개하고 용서받아야 합니다. 그리고 자신을 우주의 중심으로 착각하고, 이기적인 행복을 인생의 최종 목표인 것처럼 생각하고 살았던 탐욕스러운 삶을 청산해야 합니다. 그렇게 할 때, 형식의 준수에만 급급한 우리의 피상적인 종교생활도 고쳐집니다.

하나님께서 기쁘게 받으시는 헌신은 당신 앞에서 변화된 사람들의 섬김이지, 변화된 것 없이 그저 헌신과 봉사로만 하나님 앞에 무엇인가 자기의 몫을 해 내려는 사람들의 섬김이 아닙니다. 하나님 앞에 많이 섬기면 그것으로 죄의 용서를 경험하지 못한 채 살아가는 자기 자신의 부당함을 정당화할 수 있다고 생각하는 사람들의 섬김을 하나님께서는 미워하십니다. 형식적이고 피상적인 종교생활을 유지하며 살아가는 신자들에게는 희망이 없습니다. 피상적이고 형식적인 종교생활은 자신의 종교적 양심을 달래기 위한 사악하고 어설픈 자기 위로일 뿐이기 때문입니다. 그러한 종교생활이 이어지다 보면, 용서받지 못한 자신의 영혼의 상태에 대한 진지한 성찰이 사라지고 형식적인 종교적 의무 준수에 만족하게 됩니다. 하나님과의 만남도 없이, 인격적인 감화도 없이, 자기 깨어짐도 없이 예배드리는 것이 당연해지는 것입니다.

> "……너희가 여호와를 능히 섬기지 못할 것은 그는 거룩하신 하나님이시요 질투하는 하나님이시니 너희 허물과 죄를 사하지 아니하실 것임이라"(수 24:19)

하나님께서는 우리와 우리의 섬김이 하나가 되기를 원하십니다. 그런데 피상적인 신앙생활은 우리와 우리의 섬김을 조각조각 분리합니다. 기도는 기도대로 분리되고, 삶은 삶대로 분리됩니다. 교회는 교회대로 분리되고 직장은 직장대로 분리되어서, 직장에서는 직장에 맞게끔 살아가고 교회에서는 교회에 어울리게 살아가게 되는 것입니다.

그러므로 우리는 아주 작은 것부터 피상적인 신앙생활을 후회하며, 그것을 철저히 미워하는 삶을 살아가야 합니다. 삶의 전체적인 골격에 있어서뿐만 아니라, 삶의 구체적이고 작은 부분에 이르기까지 진실한 신자가 되어가기 위해서 어떠한 것도 양보하지 말아야 합니다. 그렇게 할 때 그 사람은 형식적인 신앙생활을 미워할 수밖에 없고, 자기를 에워싸고 있었던 모든 형식적인 신앙생활이 서서히 타파될 때 진정한 용서가 있는 삶을 살아가게 되기 때문입니다.

마음에 두고 생각하기

아무리 긴 세월이 흘러도, 피상적인 신앙생활을 통해서는 얻을 것이 없습니다. 피상적인 신앙생활은 실패하면 배교의 삶을 낳고, 성공하면 고도의 외식 속에서 살아가는 삶을 낳습니다.

➤ APPLICATION

하나님의 용서를 믿는다고 말하면서
하나님의 용서를 구하지 않고 있다면,
자신의 완고함을 미워해야 합니다

구원받은 신자의 최선의 삶은 다시는 죄를 짓지 않고 살아가는 삶입니다. 그러나 일평생 죄와 담쌓고 살 수 있는 사람은 이 세상에 없습니다. 그러므로 실현가능한 최선의 삶은 늘 어린아이 같은 마음으로 죄를 경계하고 회개하며, 완고해지지 않도록 애쓰며 사는 것입니다.

하나님께서 무엇을 원하시는지 알 때, 우리의 마음이 아무리 그것을 거부한다 할지라도, 엎드려 기도하면 순종하기 힘든 마음이 바뀝니다. 그런데 사람들은 '내 마음에 죄에 대한 사랑이 남아 있는데, 내가 어떻게 용서해 달라고 하겠어. 내 마음에서 죄가 신물이 나게 싫어지면 그때 용서를 구해야지' 하고 생각하며, 그것을 염치라고 생각합니다. 그러나 이것은 완고한 신자들이 용서로 나아가지 않으려는 스스로의 완고함을 합리화하기 위해 만들어 낸 가증스런 변명일 뿐입니다. 도무지 변화되지 않는 영혼의 내면에는 언제나 완고함이 도사리고 있습니다. 그러면, 어떻게 해야 이 완고함을 떨쳐 버릴 수 있을까요? 얼마 전 중국에 갔다가, 호랑이 공원에서 호랑이가 소를 잡아먹는 광경을 보았습니다. 격렬하게 물어뜯는 일이 일어날 것이라는 제 예상과 달리 호랑이는 소의 목덜미를 한번 꽉 문 채, 소가 죽을 때까지 지루할 정도로 가만히 기다렸습니다. 완고함을 다루는 우리의 방식도 이 호랑이와 같아야 합니다. 완고함은 갑자기 무엇을 한다고 해결되는 문제가 아닙니다. 어느 날 뜨거운 은혜의 불이

"……완고한 것은 사신 우상에게 절하는 죄와 같음이라……"(삼상 15:23)

내려와 해결해 주는 것도, 누군가 등을 때리며 강하게 기도해 주어서 해결되는 것도 아닙니다. 이것은 우리가 마음을 정하고, 하나님의 은혜의 말씀에 깊이 물려서 반발하지 않고 계속 그 상태를 유지할 때 서서히 죽어갑니다. 결국 수십년 동안 딱딱한 완고함의 껍질 속에 갇혔던 더러운 본성들을 깨뜨리는 것은 간헐적인 충격이 아니라, 지속적이고 꾸준한 말씀의 영향력인 것입니다. 그러므로 우리는 기억하여야 합니다. 마음이 없이 10년을 교회에 왔다갔다 하는 것보다는, 한 달을 다니더라도 하나님에 의해서 자신의 완고함이 제거되기를 바라는 마음으로 하나님과 그분의 말씀에 집중하며 나와야 합니다. 말씀을 경청하고, 깨달은 바 내용을 깊이 묵상하는 것이 완고함의 목덜미를 무는 비결입니다.

마음에 두고 생각하기

언제까지 완고한 채로 살아가겠습니까? 완고함이 여러분에게 가져다 준 것은 고통과 비참함 뿐이었습니다. 그리고 앞으로도 그것은 파멸밖에는 가져오지 않을 것입니다. 그런데도 계속 완고함을 사랑하시겠습니까? 완고함에 대한 신자의 가장 좋은 반응은 적극적으로 미워하는 것입니다.

 APPLICATION

하나님의 용서를 믿는다고 말하면서
하나님의 용서를 구하지 않고 있다면,
용서의 탁월한 은혜를 생각해야 합니다

하나님의 용서를 믿는다고 말할 뿐, 실제적으로 하나님의 용서를 구하며 살고 있지 않다면, 여러분에게 필요한 것은 용서의 탁월한 은혜를 생각하는 것입니다. 그런데 용서의 탁월한 은혜들을 생각하기 위해서는 먼저 헛된 기대들을 버려야 합니다. 그러면 여기서 말하는 헛된 기대란 무엇일까요? 이것은 이 세상에서의 일반적인 삶에 대한 희망입니다. 우리 안에 도사린 세상을 향한 헛된 기대들을 생각해 보십시오. '좀 더 넓은 집을 살 것이다', '좋은 직장에 취직할 것이다', '살을 빼고 날씬해질 것이다', '자녀들의 성적이 오를 것이다', '사업이 잘 될 것이다' 사실 이 모든 것들 역시 우리에게 중요한 일입니다. 그러나 그것들은 우리의 영혼을 변화시킬 수 있는 것들은 아닙니다. 세상을 향한 기대들의 충족을 통해 영혼의 고통을 면해 보려는 것은, 배고픈 사람에게 모래를 주며 이것을 먹고 시장기를 면하라고 하는 것과 똑같습니다. 영혼이 원하는 것은 따로 있기 때문입니다. 우리의 영혼은 하나님과의 교제, 그 교제로부터 흘러나오는 참된 용서, 그리고 그 은혜를 타고 내려오는 성령의 축복 등을 갈망합니다. 우리의 영혼의 참된 만족은 하나님과의 생명적인 연합을 통해 누리게 되는 것입니다.

그런데 너무나 많은 그리스도인들이 영혼의 문제를 육신의 즐거움이나 육신적인 안락함을 획득하는 것으로 모면해 보려고 합니다. 영혼의 깊

"이스라엘아 여호와를 바랄지어다 여호와께는 인자하심과 풍성한 구속이 있음이라"(시 130:7)

은 고통의 문제에 대해 정면 승부를 피하려는 것입니다. 그러나 이런 시도는 결코 성공할 수 없습니다. 이 세상에서 맛보는 그 어떤 성공적인 삶도 하나님께 용서받지 못하고 살아가는 영혼의 곤고함을 궁극적으로 해소해 주지 못하기 때문입니다.

영혼이 필요로 하는 모든 것은 오직 하늘의 자원일 뿐 이 땅에 있는 것이 아닙니다. 만일 여러분이 용서하시는 하나님의 은혜를 거절하고 있는 대가로, 이 세상에서 폭포수처럼 쏟아지는 즐거움을 맛보고 있다면 저는 감히 여러분에게 돌아오라고 말하지 않았을 것입니다. 그러나 여러분은 용서받지 못한 상태에서 행복하지 않았습니다. 여러분에게 절실하게 필요한 것은 다른 무엇이 아니라, 하나님의 탁월한 용서의 은혜이기 때문입니다.

마음에 두고 생각하기

우리가 오랜 세월동안 하나님과의 거리감을 느끼며 살아온 것은 하나님이 너무 엄격하시기 때문이 아니라, 우리가 진심으로 회개하고 복음적인 용서의 진리 안으로 들어오지 않았기 때문입니다. 이제는 돌이켜야 할 때입니다. 용서의 탁월한 은혜 속으로 들어가야 할 때인 것입니다.

 APPLICATION

하나님의 용서를 믿는다고 말하면서 하나님의 용서를 구하지 않고 있다면, 오직 그리스도를 의지해야 합니다

하나님의 용서를 믿고만 있을 뿐, 그 용서를 간절히 구하고 있지 않습니까? 그렇다면 여러분에게 필요한 것은 예수 그리스도를 온전히 의지하는 태도입니다. 용서는 하나님이 우리의 공로를 보고 베푸시는 정당한 품삯이 아닙니다. 용서는 용서받을 가치가 없는 죄인들이 주님 앞에 나올 때, 아들의 피를 보시고 하나님 아버지께서 베풀어 주시는 값없는 선물입니다. 사실 인간의 죄는 영원한 형벌을 받기에 충분한 것이었습니다. 무한히 우리를 사랑하시고 무한히 거룩하신 완전한 창조주, 하나님을 향한 죄였기 때문입니다. 그러나 그 커다란 죄를 예수 그리스도께서 우리를 대신하여 갚아 주셨습니다.

범죄에 빠지지 않았던 사람이 어디 있고, 하나님의 사랑의 품을 떠나지 않았던 사람이 어디 있습니까? 모세도 하나님의 품을 떠났었고, 믿음의 사람 다윗도 하나님의 사랑을 배반했었습니다. 바울도 한때는 핍박자요 포행자였으며, 예수 믿는 사람들을 박해했던 악랄한 죄인이었습니다. 우리도 마찬가지입니다. 십자가의 그 무한한 용서의 능력과 희생의 깊이가 우리의 죄의 깊이를 능가하지 않았다면 우리는 여전히 어두움 속에서 헤매고 있었을 것입니다. 따라서 죄와 결별할 수 없는 이 땅의 신자들에게 예수 그리스도는 유일한 피난처이자 소망입니다. 하나님께서는 아들의 십자가의 피로 우리의 죄를 덮으셨습니다. 그러므로 우리는 예수 그리스

"제자들이 눈을 들고 보매 오직 예수 외에는 아무도 보이지 아니하더라"(마 17:8)

도께서 우리를 위해 죽으셨고, 그로 인해 우리는 다시 살게 되었음을 잊지 말아야 합니다. 이것을 기억하는 한 우리는 예수 그리스도만을 의지하는 삶을 살아갈 수 있습니다. 우리가 그렇게 예수 그리스도께 붙들려 살아갈 때 하나님께서는 우리를 기뻐하시고 사랑해 주십니다.

사랑하는 여러분! 아담과 하와의 타락 이후, 하나님의 별명은 용서하시는 하나님입니다. 그분은 왜 기다리시고 용서하십니까? 빛의 자녀들이 어두움 속을 걸으며 고통받는 것을 차마 보실 수 없으시기 때문입니다. 우리를 부르시는 하나님의 크고 놀라운 사랑을 의지해서 주 앞으로 돌아오십시오. 하나님께서 용서해 주시기까지 결코 물러서지 않겠다는 결단과, 열렬하고 지속적인 기도로…….

마음에 두고 생각하기

그리스도를 의지한다는 것의 의미는 용서 없는 삶보다는 용서가 있는 죽음을 택하리라 결심하고, 하나님께서 용서해 주시기까지 물러서지 않고 구하는 것입니다. 여러분이 예수 그리스도를 온전히 의지하는 사람이라면 여러분에게는 용서를 구하는 간절하고도 끈질긴 기도가 있을 것입니다.

➤ APPLICATION

용서받지 않고도 살 만하다고 느끼는 것은
용서받는 삶이 어떠한 것인지 모르기 때문입니다

하나님의 용서는 빈말로 던져 보는 선심이 아닙니다. 하나님은 사랑이시기에, 우리를 버리실 수 없습니다. 빛도 없는 어두움 속을 헤매는 당신의 자녀들을 결코 외면할 수 없습니다. 그러므로 여러분! 우리는 용서로 돌아가야 합니다. 우리에게는 하나님의 용서의 초청이 있습니다. 하나님께서는 용서 앞으로 도저히 나갈 수 없는 우리를 위해 예수 그리스도를 보내셨습니다. 따라서 이제 우리에게 남은 일은 피 묻은 십자가를 붙들고 용서로 나아가는 것입니다. 이 세상에는 자녀를 버리는 무정한 부모가 간혹 있지만, 하나님께서는 결코 그런 부모가 아니십니다. 그분은 우리를 사랑하십니다. 여러분의 인생을 돌아보십시오. 용서로 부르시는 하나님의 강청이 느껴지지 않으십니까?

저는 21살 때, 오랜 사상적 방황 끝에 회심을 하였습니다. 막상 예수님의 품에 안기게 되었을 때, 저는 제가 왜 이렇게 평안한지 알 수 없었습니다. 그때 제가 가진 지식으로는 제가 주님의 품에 안겨서 누리는 한없는 위로와 안식을 설명할 수 없었습니다. 그러나 그럼에도 불구하고 그때 확실히 깨달은 것이 있습니다. 바로 하나님은 살아계시고 나를 사랑하신다는 사실이었습니다. 그리고 하나님께서는 오래 전부터 너무나 나를 용서해 주고 싶어하셨고, 나는 그런 하나님의 가슴을 너무나 오래 아프게 해 드린 후에야 돌아왔다는 사실이었습니다. 하나님께서 우리에게 원하시

"주께서 내 마음에 두신 기쁨은 저희의 곡식과 새 포도주의 풍성할 때보다 더하니이다"(시 4:7)

는 것은 무엇입니까? 하나님께서는 우리가 창조의 목적을 따라 하나님을 기쁘시게 할 만한 모습으로 살기를 원하십니다. 여러분도 그렇게 살고 싶지 않으십니까? 하나님을 한없이 행복해 하며, 그의 손으로 지으신 창조의 세계에 샛별 같은 존재가 되고 싶지 않으십니까? 하나님의 용서를 받는 것이 바로, 그렇게 사는 비결입니다.

용서받지 않고도 살 만하다고 느끼는 것은 용서받은 삶이 어떠한 것이지를 어렴풋하게 조차 모르기 때문입니다. 세상 사람들은 건강이 있고, 물질이 있고, 젊음이 있으면 살 만하다고 생각합니다. 그러나 신자는 그러한 것들만으로 행복할 수 없습니다. 우리에게 필요한 것은 그런 것이 아니라, 하나님이 우리 영혼 속에 부어 주시는 샘물 같은 은혜입니다. 그리고 영혼의 참된 해갈을 가져오는 이 은혜는 오직 용서를 통해서만 부어집니다.

마음에 두고 생각하기

하나님의 용서를 경험하지 못하는 삶이 고통스럽지 않습니까? 고통스럽지 않다면 여러분은 하나님의 용서의 은혜를 어렴풋하게 조차 모르는 사람입니다.

 APPLICATION

이제 용서하시는 하나님께로 나아갈 때입니다

하나님의 용서는 우리의 죄보다 더 컸습니다. 자기 아들을 주시면서까지 우리를 당신과의 화목으로 부르시는 그 사랑을 여러분은 짐작이나 할 수 있겠습니까? 그 사랑이 있었기에 우리는 그나마 이렇게 서 있을 수 있었습니다.

혹시라도 '나의 죄는 너무나 크고, 그로 인한 나의 영혼의 깊음은 너무나 깊어서 나는 감히 하나님의 용서를 의뢰할 수 없습니다. 아무리 하나님이시지만 나를 용서하실 수 없으실 것입니다' 라는 생각을 하십니까? 사도 바울은 자신을 가리켜 "내가 죄인 중에 괴수로다" 라고 고백했습니다. 아니 그렇게 멀리 갈 것도 없습니다. 이렇게 여러분을 향해 용서로 나아오라고 권면하고 있는 저 역시 만물의 찌끼요, 죄인 중에 괴수였습니다. 그러나 하나님께서는 죄를 능가하는 용서를 베푸셨습니다.

정말 가슴이 저미도록 놀라운 복음의 비밀은 하나님이 작은 죄인을 용서하심으로서는 작은 영광을 받으시지만 큰 죄인을 용서하심으로서는 큰 영광을 받으신다는 사실입니다. 사랑하는 여러분! 그 무엇도 하나님의 용서 앞으로 나아가는 우리의 발걸음을 주저하게 만들 수는 없습니다. 우리는 모두 하나님의 용서 앞으로 나아가야만 합니다. 우리는 우리의 죄를 해결할 수 없습니다. 아무리 면목 없고 송구해도, 그것을 감춘 채 싸안고 있어서는 안 됩니다.

"볼지어다 내가 문 밖에 서서 두드리노니 누구든지 내 음성을 듣고 문을 열면 내가 그에게로 들어가 그로 더불어 먹고 그는 나로 더불어 먹으리라"(계 3:20)

한때 여러분처럼 영혼의 깊음 속에서 흐느꼈던 사람으로서, 여러분에게 온 몸과 마음을 다 바쳐 권고합니다. 하나님의 용서를 경험하십시오. 이것은 목사로서의 권고도, 독자를 향한 저자로서의 권고도 아닙니다. 이것은 상처받고 버림받은 가운데 영혼의 깊은 침체 속에서 떨고 있었던 한 사람으로서, 하나님을 원망하며 어두운 길 가운데 서 있었던 한 죄인으로서 여러분께 드리는 이야기입니다. 우리 하나님은 살아계시며, 용서하시는 하나님입니다.

따라서 우리는 이제 결정해야 합니다. 계속 용서받지 못한 채 하나님과의 불화 속에서 무한한 거리감을 느끼며 살아갈 것인지, 용서받고 사랑받으며 살아갈 것인지 말입니다.

마음에 두고 생각하기

늘 하나님을 아버지로 부르지만 한번도 그 아버지 앞에 친자식처럼 사랑받아 본 적이 없는 사람으로 살아갈 것인지, 아니면 어두움 가운데서 빛으로 나아와 자기를 부르시는 우리 하나님의 품안에 안겨서 기쁨으로 주님을 의지하면서 살아갈 것인지 결정하는 것은 우리의 몫입니다. 그리고 이 결정은 머리가 아닌 실천으로 내려야만 합니다.

 APPLICATION

사명선언문

너희가 흠이 없고 순전하여……세상에서 그들 가운데 빛들로
나타내며 생명의 말씀을 밝혀 _ 빌 2:15-16

1. 생명을 담겠습니다
만드는 책에 주님 주신 생명을 담겠습니다.
그 책으로 복음을 선포하겠습니다.

2. 말씀을 밝히겠습니다
생명의 근본은 말씀입니다.
말씀을 밝혀 성도와 교회의 성장을 돕겠습니다.

3. 빛이 되겠습니다
시대와 영혼의 어두움을 밝혀 주님 앞으로 이끄는
빛이 되는 책을 만들겠습니다.

4. 순전히 행하겠습니다
책을 만들고 전하는 일과 경영하는 일에 부끄러움이 없는
정직함으로 행하겠습니다.

5. 끝까지 전파하겠습니다
모든 사람에게, 땅 끝까지, 주님 오시는 그날까지
복음을 전하는 사명을 다하겠습니다.

서점 안내

광화문점 서울시 종로구 새문안로 69 구세군회관 1층
02)737-2288(T) 02)737-4623(F)

강남점 서울시 서초구 신반포로 177 반포쇼핑타운 3동 2층
02)595-1211(T) 02)595-3549(F)

구로점 서울시 구로구 시흥대로 577 3층
02)858-8744(T) 02)838-0653(F)

노원점 서울시 노원구 동일로 1366 삼봉빌딩 지하 1층
02)938-7979(T) 02)3391-6169(F)

분당점 경기도 성남시 분당구 황새울로 315 대현빌딩 3층
031)707-5566(T) 031)707-4999(F)

신촌점 서울시 마포구 서강로 144 동인빌딩 8층
02)702-1411(T) 02)702-1131(F)

일산점 경기도 고양시 일산서구 중앙로 1391 레이크타운 지하 1층
031)916-8787(T) 031)916-8788(F)

의정부점 경기도 의정부시 청사로47번길 12 성산타워 3층
031)845-0600(T) 031) 852-6930(F)

인터넷서점 www.lifebook.co.kr